Gerhard Eike

Und jeden Tag
ein Stück weniger
von mir

Mit einen Nachwort
von Edith Rigo

Ravensburger Buchverlag

Originalausgabe
als Ravensburger Taschenbuch
Band 58092
erschienen 1999
Erstmals in den Ravensburger Taschenbüchern
erschienen 1985 (als RTB 1511)

© 1999 by Ravensburger Buchverlag

Umschlagillustration: Sabine Lochmann

Printed in Germany

**Die Schreibweise entspricht den
Regeln der neuen Rechtschreibung.**

10 9 8 7 6   07 06 05 04 03

ISBN 3-473-58092-9

www.ravensburger.de

... »Weil ich hungern muss, ich kann nicht anders«, sagte der Hungerkünstler.

»Da sieh mal einer«, sagte der Aufseher,

»warum kannst du denn nicht anders?«

»Weil ich«, sagte der Hungerkünstler, hob das Köpfchen ein wenig und sprach wie mit zum Kuss gespitzten Lippen gerade in das Ohr des Aufsehers hinein, damit nichts verloren ginge,

»weil ich nicht die Speise
finden konnte, die mir schmeckt.
Hätte ich sie gefunden, glaube
mir, ich hätte kein Aufsehen
gemacht und mich voll gegessen
wie du und alle.«

Franz Kafka:

Ein Hungerkünstler.

(aus F. K: Sämtliche

Erzählungen, Frankfurt:

Fischer 1970, S. 171)

K
a
p
i
t
e
l

Plötzlich wird alles anders.

Kaum bricht die Sonne wieder durch, der Regen dampft auf den Straßen, da rennen die Kinder nach draußen, die Haare noch nass, johlen und schreien, klatschen vor Freude in die Hände. Eben haben sie ängstlich am Tisch gesessen, erschrocken aus dem Fenster gesehen, sind bei jedem Blitz zusammengezuckt, jetzt reden sie schon nicht mehr übers Gewitter, spielen, als wäre nichts gewesen. Sie warten auf den bunt bemalten Eiswagen, rechnen sich aus, wie viele Eiskugeln sie kaufen können, sind fröhlich, laut und hellwach.

»Hast mächtig Angst gehabt, was?«

»Blödsinn! Ich hab doch keine Angst vor Gewittern!«

»Warum isst du dann nichts?«, fragt Susanna, beugt sich etwas zu Frauke rüber, schiebt das Tablett näher an sie heran.

»Elender Fraß! Gibt's auf der Station immer so mieses Essen?«

»Schmeckt doch prima!«, ruft Susanna, beißt kräftig in einen Apfel und schmatzt laut.

9

Frauke reißt ein kleines Senftütchen auf, zieht eine schmale Spur quer über die Scheibe Kalbskopfsülze, legt ein Kreuzmuster, umrahmt es. Sie summt leise dabei, ihre Bewegungen werden beschwingt, beinahe fröhlich.

»Lass bitte den Unsinn!« Eine Stationshelferin stößt sie an, nimmt ihr das Senftütchen aus der Hand. »Hast du keinen Hunger?«, fragt sie vorwurfsvoll.

»Nein, danke«, antwortet Frauke erschrocken, hält ihr das Tablett hin. Die Frau trägt es eilig aus dem Zimmer, schließt die Tür.

»Die ist blöd«, sagt Susanna, streicht ihre langen Haare zurück, hält sie fest, »mach dir nichts draus.«

Frauke setzt sich, trommelt gegen die Fußknöchel, schließt die Augen.

Ich will weg hier. Warum kommen Vati und Mutti nicht und holen mich ab! Ich werde verrückt.

»Isst du eigentlich nichts? Heute Mittag hast du auch nichts angerührt.«

Susanna beobachtet Frauke, dreht ihren Oberkörper leicht, kratzt über den Gipsverband. »Was hast du eigentlich? Warum bist du hier?«

»Nichts«, antwortet Frauke, »ich hab nichts, deshalb werde ich auch gleich abgeholt. Wart's ab.«

»Hier hat jeder was, sonst kommt er nicht hierher!«, protestiert Susanna. Frauke tippt sich gegen die Stirn.

Die beiden Mädchen warten, schauen immer wieder zur Zimmertür, horchen, was auf der Station geschieht. Susanna schwitzt unterm Gipsverband, ihre Haut juckt und brennt. Sie möchte am liebsten den harten Verband vom Bein abreißen, durchs Zimmer rennen und duschen.

Auf der Station herrscht eine lähmende Geschäftigkeit. Alle haben etwas zu tun. Sie warten, passen auf, fragen, ertragen ihre Schmerzen.

Susanna räuspert sich. »Frauke, du bist so dünn, ich kann's nicht glauben.«

»Kann sein.«

»Bist du sauer?«, fragt Susanna schüchtern, schaut Frauke einen Augenblick lang an, holt dann ihre Puppe aus dem Nachtschrank, kämmt deren hellweiße Plastikhaare, streichelt sie, plappert vor sich hin und erzählt von ihrem Autounfall und den Operationen.

Frauke hört nicht hin, es kommt die Erinnerung an den Vormittag.

Bilder jagen Frauke durch den Kopf.

Schreie.

Stimmen.

Flüstern.

Sie sieht ihre Biologielehrerin, Frau Dr. Weniger, vor sich, wie sie Aufgabenblätter für die Arbeit verteilt und darauf achtet, dass niemand abgucken kann.

Dann kommt die Erinnerung ans letzte Jahr, als sie mit Frau Dr. Weniger den Kräutergarten an der Schule angelegt hat.

Johanniskraut.

Salbei.

Thymian.

Nachmittagelang hat sie Biologie- und Gartenbaubücher durchgearbeitet, Notizen angefertigt. Dann – heute Morgen – war alles plötzlich vergessen.

Weg.

Aus.

Sie denkt daran, wie ihr schwindlig wurde, wie sie vom Stuhl rutschte, ihr Kopf auf dem harten Fußboden aufschlug. Ihr wurde schwarz vor den Augen, die Stimmen und Geräusche um sie herum dröhnten in ihren Ohren.

Dann setzt die Erinnerung für einen kurzen Zeitraum aus, beginnt erst wieder mit dem leichten Ruckeln und dem grellen Licht, als sie im Krankenwagen aufwachte. Frau Dr. Weniger saß neben ihr, hielt ihre Hand.

»Nicht nach Hause bringen!«, hat Frauke ihrer Lehrerin zugeflüstert und ihre Hand fest gedrückt. »Nicht nach Hause!«, hat sie Frau Dr. Weniger angebettelt und geweint.

Frau Dr. Weniger hat Fraukes Hand erschreckt gestreichelt, beruhigend auf sie einzureden versucht.

Schließlich die Krankenhauseinlieferung.

Die matt beleuchtete Kellereinfahrt.

Lange, weiß gestrichene Flure.

Aufnahmeuntersuchung.

»Essen Sie regelmäßig?«, hat der Arzt gefragt.

»Sicher!«, hat Frauke überzeugt geantwortet.

12 »Aha«, hat der Arzt gesagt und gelacht. »Wir werden Sie einige Tage zur Beobachtung im Krankenhaus behalten, dann werden wir Genaueres feststellen.« Ohne auf Fraukes

Reaktion zu warten, hat er sich gleich nach der Adresse ihrer Eltern erkundigt, jemanden beauftragt, die Eltern zu verständigen.

»Essen Sie regelmäßig?« Bei dieser Frage hat Frauke gelächelt.

Wenn sie jetzt daran denkt, schmerzt ihr Magen, und es ist ihr, als werde sie auseinander gerissen.

»Frauke!« Frau Wanter, Fraukes Mutter, breitet die Arme aus, stürmt vornübergebeugt auf ihre Tochter zu, umarmt und küsst sie, blickt Susanna kurz an. Dann drückt sie ihre Tochter fest an sich, sieht dabei zum Fenster, stutzt. »Wer hat diese Blumen ins Zimmer gestellt!«, schimpft sie, lässt Frauke los. »Blumen verpesten die Luft, das weiß jede Krankenschwester.« Sie steckt ihre Bluse fest, packt die Blumenvase, trägt sie hinaus auf den Flur.

»Meine Margeriten!«, schreit Susanna.

»Beerdigungsblumen sind das!«, ruft ihr Frau Wanter zu, »wer hat die überhaupt mitgebracht?«

»Holen Sie die Blumen wieder, die sind von meiner Oma!«, sagt Susanna leise, zieht die Bettdecke über den Kopf.

»Nimmst du mich mit nach Hause?«, fragt Frauke laut, duckt sich etwas, schaut ihrer Mutter in die Augen und setzt nach: »Sag schon!«

Frau Wanter baut sich vor ihrer Tochter auf, presst die Hände gegen die Schläfen und beißt auf die Unterlippe.

»Was tust du uns nur an!«, sagt sie leise, kaum verständlich, krümmt sich. »Ich halte es nicht aus. Den ganzen Nachmittag laufe ich im Krankenhaus herum und spreche mit Ärzten. Sie finden nichts. Du willst uns fertig machen, Frauke. Du verstellst dich.«

»Mutti!« Frauke schlägt wütend gegen das Bettgestell und richtet sich auf. »Das glaubst du nicht wirklich – oder?« Sie greift nach der Hand ihrer Mutter, streicht über die Haut wie über ein Stück glänzendes glattes Holz.

»Vati macht sich große Sorgen. Er hatte heute eine sehr wichtige Konferenz. Dann passierte das mit dir. Ausgerechnet heute!«

»Das konnte ich nicht wissen!«

»Du machst uns nur Sorgen!«, antwortet Frau Wanter, schüttelt Fraukes Hand resolut ab und dreht sich um. »Streng dich mehr an. Vati und ich mühen uns ab, und zum Dank dafür machst du ...«

»Ja«, sagt Frauke verlegen, rückt ein Stück näher zur Bettkante, beugt sich zu ihrer Mutter vor. »Nimm mich mit nach Hause.«

»Streng dich bei den Untersuchungen an. Es muss etwas zu finden sein. Ohne Grund fällt man nicht um.«

»Nimm mich mit.«

»Morgen, vielleicht«, antwortet ihre Mutter, reicht Frauke ihre Hand. »Schlaf jetzt. Wir haben dich sehr lieb. Sieh zu, dass morgen alles gut geht.« Frau Wanter küsst Frauke auf die Stirn, sieht ihre Tochter streng an, klopft ihr auf die Schultern, geht dann eilig aus dem Zimmer.

»Bring meine Blumen wieder, Frauke«, ruft Susanna.

»Die bleiben draußen, diese Beerdigungsblumen.«

»Ich schreie«, droht Susanna, reißt den Mund weit auf. Frauke springt aus dem Bett, holt die Blumenvase und knallt sie auf Susannas Nachttisch. »Blöde Ziege«, sagt sie ihr leise und setzt sich ans Fenster.

Susanna nimmt eine Margerite, steckt sie sich ins Haar. »Hey, Frauke!«

Kaum hat Frauke sich zu ihr umgedreht und lächelt, da setzt Susanna nach: »Deine Mutter ist 'n Aas.«

»Stimmt«, erwidert Frauke, hält sich erschrocken den Mund zu und muss lachen.

Es will nicht dunkel werden. In den Krankenzimmern nebenan schreien Kinder, die Nachtschwester fährt mit einem Küchenwagen vorbei, gibt Getränke aus, vertröstet Patienten, eilt weiter, schaut gehetzt zu den kleinen Lampen über den Zimmertüren. Die meisten Lämpchen leuchten auf. Kinder haben die Ruftaste gedrückt, bringen Wünsche vor, verlangen nach Schmerzlinderung, nach Gesprächen.

Susanna schläft zufrieden, den Mund weit offen.

Frauke steht auf, beobachtet, ob Susanna reagiert, macht einen Schritt weiter, schwankt etwas, tastet sich zum Schrank vor. Sie fasst zweimal sicher zu, zieht hastig den Rock und einen dünnen Pullover übers Nachthemd, nimmt ihre Sandalen, steckt sie in die Rocktaschen, schleicht zur Tür, drückt sachte die Klinke herunter.

»Hey, Frauke! Wo willst du hin?«

»Psst!« Frauke läuft zu Susanna, beugt sich über sie, hält sie fest.

»Ich schreie!«

»Psst!«, besänftigt Frauke sie wieder, »ich will kurz nach Hause. Morgen früh bin ich wieder zurück.«

»Ich schreie!«, sagt Susanna leise.

Frauke lächelt sie an, gibt ihr einen freundlichen Klaps auf die Wange, geht zur Tür.

»Bringst du mir 'n Eis mit, Frauke?«

»Klar.«

»Himbeer/Heidelbeer, mit Sahne!«

Frauke schüttelt sich, schmeckt schon den wässrig-süßen Eisgeschmack auf der Zunge, fühlt das Eis an ihren Fingern kleben.

Sie tritt auf den dämmrigen Flur, sieht sich bei jedem Schritt um, ob ihr jemand folgt. Noch an drei Zimmern muss sie vorbei, horcht, ist erleichtert, als sie den Stationsausgang erreicht hat.

Geschafft.

Sie hat die Stationstür noch nicht hinter sich geschlossen, da schreit Susanna. Ein hoher, durchdringender Schrei, als werde sie gequält.

Frauke zittert am ganzen Körper, hält sich an der Türklinke fest. Neonröhren flimmern auf. Die Krankenschwester läuft über den Flur, ihre Holzschuhe klacken laut.

Jetzt bringen sie dich um. Sie haben dich erwischt.
Sie werden dich so lange fertig machen,
bis sie dich kleingekriegt haben. Wart's ab, Frauke.

»Was suchst du auf dem Flur?«

»Ich wollte zur Toilette.«

»Erzähl nichts.« Die Krankenschwester packt Frauke am Arm, zieht sie auf die Station, bringt sie ins Krankenzimmer zurück. »Das darf nicht wahr sein. Als hätten wir nicht genug zu tun. Auch noch abhauen. Was ist, wenn dir etwas passiert?«

Frauke setzt sich aufs Bett und gähnt. Susanna hält das Oberbett über ihren Kopf, wackelt mit ihm hin und her.

»Du hast deinen Willen, verdammtes Aas!«, flucht Frauke. Misstrauisch lugt Susanna unterm Oberbett hervor, wischt sich Schweiß von der Stirn.

»Mit den Klamotten wolltest du zur Toilette! Das kannst du anderen erzählen, aber nicht mir. Zieh dich jetzt aus und schlaf.« Die Krankenschwester tritt ungeduldig mit einer Schuhspitze gegen das Bettgestell und wartet. »Was ist los mit dir? Wie alt bist'n eigentlich?«

»Vierzehn«, antwortet Frauke, die Zähne aufeinander gebissen, »verdammte vierzehn.«

»Dann gehörst du auf die Frauenstation.«

»Bloß nicht.« Frauke sieht erschrocken die Krankenschwester an, beherrscht sich, presst die Hände an ihren Körper und sagt leise: »Ist nicht nötig. Hier ist es viel schöner.«

»Wie heißt'n?«

»Sagen Sie bitte meinen Eltern nicht, dass Sie mich erwischt haben«, bittet Frauke, zieht Pullover und Rock aus, kriecht unter die Decke.

»Du bist nur 'n Gerippe, Mädchen«, staunt die Krankenschwester, »was hast'n?«

17

»Pubertät. Zusammengeklappt.«

»So? Bist du einfach zusammengeklappt?«

»Einfach so«, antwortet Frauke.

»Isst du nichts?«

»Die isst gar nichts!«, ruft Susanna schnell dazwischen, »hier schmeckt ihr nichts.«

»Du bist bescheuert!«, schreit Frauke.

»Und deine Mutter ist 'n altes Aas.« Susanna nimmt einen Kissenzipfel in den Mund, saugt daran, schiebt das Kissen wieder weg.

Die Krankenschwester knipst das Licht aus. »Schlaft gut und vertragt euch«, sagt sie, »Gute Nacht.«

Frauke klammert sich ans Bett und weint.

Draußen ist es stockdunkel.

Ich will raus.
Ich will hier bleiben.
Wenn sie etwas finden,
habe ich verloren.

Als sie am nächsten Morgen geweckt wird, ist ihr, als habe sie erst ein paar Minuten geschlafen.

»Es geht gleich los!«, ruft ihr die Stationshelferin zu, da steht Frauke immer noch im Nachthemd am Fenster, reibt sich die Augen, blinzelt, zieht dann den Bademantel über, geht mit der jungen Frau in ein Untersuchungszimmer.

»Leg dich auf den Untersuchungstisch«, wird sie aufgefordert, »warte, bis jemand kommt.«

Sie liegt allein auf dem Untersuchungstisch, starrt das Röntgengerät an, schaut hinüber zur Glasscheibe, dann zur Zimmerdecke.

Hoffentlich finden sie nichts, sagt Frauke sich einige Male, denkt an die Krankenhausflure, das Zimmer, an Susanna. Dann sieht sie das Gesicht ihrer Mutter vor sich, den strengen Blick.

»Hoffentlich finden sie was«, sagt sie auf einmal und presst die Lippen aufeinander.

»Wir fangen an!« Eine Krankenschwester stellt sich neben Frauke, fasst ihren Arm, bindet ihn ab.

Frauke dreht den Kopf langsam zur Seite, öffnet ängstlich ihre Augen, zuckt zusammen, als die Krankenschwester mit einer dünnen Nadel in den Unterarm sticht. Die Schwester schiebt die Nadel ein Stückchen weiter in die Vene, befestigt sie mit einem Pflaster auf der Haut, damit sie nicht verrutscht. »Late last night I laid on my pillow . . .« Frauke sagt sich einen Vers aus dem Englischunterricht auf, versucht sich abzulenken, schaut zur roten Flasche, die an einem Ständer neben ihr hängt.

»Was ist das?«

»Kontrastflüssigkeit, damit wir Nieren und Blase röntgen können.«

»Sind viel Kalorien darin?«

Die Schwester hält Fraukes Arm fest, schüttelt den Kopf und lacht laut. »Habe ich noch nie gehört, dass jemand danach fragt«, sagt sie verwundert. »Kontrastmittel gehen direkt vom Blut in die Nieren und dann in die Blase. In einer halben Stunde gehst du zur Toilette und die Sache ist vergessen.«

»Es sind wirklich keine Kalorien drin? Das kann gar nicht sein. Es gibt nichts, was keine Kalorien hat!«

»Doch«, erwidert die Krankenschwester, »du kannst mir glauben.« Sie steckt einen Schlauch auf die Nadel, stellt den Regler unterhalb der Flasche ein. Klare Flüssigkeit tropft in ein Schauglas, rinnt von dort durch den Schlauch in die Vene. Die Schwester schiebt eine Filmkassette in die Halterung unter dem Röntgentisch, stellt den Apparat ein. Ein Lichtviereck zeichnet sich auf Fraukes Bauch ab, wird etwas verkleinert.

»Nicht bewegen«, ordnet die Krankenschwester an, geht in den Nebenraum, schließt die Tür hinter sich. Frauke sieht sie hinter der dicken Glasscheibe hantieren.

»Einatmen! Ausatmen! Luft anhalten!«

Frauke hört ein Klicken im Röntgenapparat, hält die Luft an, wartet ab, wagt nicht zu atmen.

»In zehn Minuten machen wir die nächste Aufnahme. Sollte dir schlecht werden, musst du rufen.«

Frauke hat einen hochroten Kopf, antwortet nicht. Sie versucht die medizinischen Instrumente zu beobachten, spürt einen stechenden Schmerz im Rücken.

Sie bringen mich um. Wenn sie nichts an den Nieren und der Blase finden, machen sie weiter. Bis sie etwas gefunden haben.

Die Kontrastflüssigkeit rinnt weiter in Fraukes Vene. Es ist ihr, als werde sie aufgepumpt, als müsse ihr Arm zerspringen. Der Unterarm wird schwer, sie versucht ihn anzuheben, bekommt ihn nicht hoch.

»Es tut weh! Es tut so weh!«, schreit Frauke.
Die Krankenschwester verzieht das Gesicht. »Stell dich nicht so an.«
Noch drei weitere Aufnahmen, dann muss Frauke zur Toilette, danach noch eine Kontrollaufnahme.
»Kannst wieder auf dein Zimmer zurück, Frauke.«
»Ich schaff's nicht. Krieg die Beine nicht voreinander.«
Frauke verkrampft sich, bleibt auf dem Tisch liegen. Die Krankenschwester muss nachgeben, lässt Frauke mit der Trage auf ihr Zimmer bringen.
Kurz vorm Mittagessen kommt der Arzt. »Die Nieren sind in Ordnung, die Blase funktioniert prächtig, der Magen ist einwandfrei. Du bist kerngesund, Frauke.«
»Wunderbar«, antwortet sie.
Dann schließt sie die Augen, es wird schwarz um sie herum, hellgelbe grelle Blitze zucken auf, versprühen kleine, schimmernde Sternchen.
»Du wiegst nur sechsunddreißig Kilo«, sagt der Arzt bedächtig und räuspert sich, »machst du eine Abmagerungskur?«
»Nein«, flüstert Frauke.

»Sechsunddreißig Kilo bei einer Größe von einssiebzig!«

»Ich bin gesund, hundertprozentig, das können Sie mir glauben.«

»Stimmt es, Frauke, dass du schon einmal zweiundfünfzig Kilo gewogen hast?«

»Das ist lange her, aber sechsunddreißig Kilo reichen auch«, antwortet Frauke und winkt ab.

»Na dann«, murmelt der Arzt, verschwindet grußlos.

Frauke lehnt sich zurück, hält sich die Ohren zu.

Ich muss raus. Sie machen mit mir, was sie wollen. Sie pumpen mich voll und finden eine Krankheit, die ich gar nicht habe. Dann ist alles aus. Zweiundfünfzig Kilo. Wann war das? Wann verschwand der Hunger? Vielleicht letztes Jahr, im Urlaub.

Österreich, Wolfgangsee. Sommerferien. Seit Jahren fuhren ihre Eltern ins ›Lamm‹, ein komfortables Hotel, trafen sich dort mit Bekannten.

Irgendwann hat sie damit angefangen. Vielleicht war das an dem Tag, als sie Wasserskilaufen lernen sollte und immer wieder hingefallen war, bis der Lehrer entnervt abgewunken hatte. Vielleicht hat es auch an dem Morgen begonnen, als ihre Mutter weinend an den Frühstückstisch kam, den Vater misstrauisch abtaxierte und ihn beschimpfte. Kann sein, es war zum ersten Mal, als ihre Eltern sie nach dem Streit traurig ansahen, sich dann anblickten und wie aus einem Mund sprachen: ›Wir müssen uns wieder vertragen, schon wegen ihr.‹ Kann sein. Auf jeden Fall war es spätestens im letzten Jahr, dass sie von Gerichten nur noch die Beilagen aß, dass sie morgens ohne Frühstück aus dem Haus zu gehen versuchte, dass sie anfing, Sport zu treiben. Zweiundfünfzig Kilo! Sie kann sich gar nicht mehr vorstellen, wie sie letztes Jahr ausgesehen hat.

Die Zimmertür wird aufgerissen, Susannas Mutter und Bruder stürmen ins Zimmer, grüßen laut, geben Frauke artig die Hand und fragen, wie es ihr gehe. Susannas Mutter hat Frauke eine Tafel Schokolade mitgebracht, hält sie ihr freundlich hin.

»Nimm schon. Kannst das ruhig annehmen.«

»Mag nicht. Danke.«

»Nicht schlimm«, antwortet Susannas Mutter, »ich leg sie in den Nachttisch, vielleicht isst du sie später. Ich kenne das. Manchmal hat man keinen Hunger, besonders, wenn man krank ist.«

Das ist alles. Dann wendet sie sich Susanna zu, packt ein Kartenspiel aus. Über eine Stunde spielen der Bruder, die Mutter und Susanna zusammen, die Mutter schreibt die Punkte auf. Sie lachen, erzählen, was zu Haus passiert ist, was sie von Nachbarn gehört haben. Susannas Mutter sitzt auf der Bettkante, lässt die Beine baumeln, wischt sich von Zeit zu Zeit Schweiß von der Stirn. Dann verabschieden die beiden sich eilig, geben Frauke und Susanna die Hand. Susanna liegt zufrieden im Bett, ordnet die Karten, spricht leise mit sich selbst. »Ich verliere immer. Egal. Einer muss verlieren.«

»Ich gewinne immer«, ruft Frauke.

Vor Jahren hat sie mit ihren Eltern zum letzten Mal Karten gespielt. Einige Male hatte sie gewonnen, haushoch, da guckte ihre Mutter sie schon misstrauisch und verbissen an, ihr Vater rechnete mit dem Taschenrechner nervös die Punkte zusammen. »Du verdirbst jedes Spiel«, hat Frau Wanter vorwurfsvoll zu Frauke gesagt, »du musst immer gewinnen.« Daran erinnert sich Frauke noch genau. Herr Wanter hat damals geschwiegen.

Frauke setzt sich zu Susanna ans Bett, sie spielen Karten, reden kein Wort dabei.

»Wie geht's, mein Schatz?«, fragt Herr Wanter, kaum dass er das Zimmer betreten hat, stellt den Aktenkoffer auf den Boden, überreicht Frauke einen Beutel Bonbons.

»Wie war's?«, setzt er nach, legt einen Arm um sie.

»Bin kerngesund. Du kannst mich gleich mit nach Hause nehmen.«

»Ich muss vorher mit den Ärzten sprechen.«

»Glaubst du mir nicht, Vati?«, fragt Frauke verärgert.

Ihr Vater steht auf, reckt sich. »Warte einen Augenblick, ich bin gleich wieder zurück«, sagt er energisch und verlässt das Zimmer.

24

Frauke holt die Ledertasche aus dem Kleiderschrank, packt ihre Kleidung zusammen, wirft Seife und Waschlappen in

den Kulturbeutel, verstaut ihre Sachen in der Tasche. Dann
zieht sie ihre Jeans und einen weiten Pullover an.

Endlich wieder zu Hause sein. Ein Zimmer für mich allein. Ich darf in der Schule nichts versäumen. Ich muss nach Hause.

Sie weiß nicht, ob sie sich das sagt oder ob das eine andere
Stimme ist.

Sie ist sich fremd, es ist ihr, als ziehe sie jemand Unsichtba-
res aus dem Zimmer. Herr Wanter betritt leise das Zimmer,
den Kopf gesenkt, wartet. »Wolltest du in der letzten Nacht
weglaufen?« Frauke lächelt ihn verlegen an.

»Wenn Mutti das erfährt! Sie ist doch schon so krank!«

»Ich wollte zu euch.«

»Das dauert noch einige Tage«, sagt Herr Wanter, »sie
wollen warten, ob du zunimmst. Die Ärzte sind sehr
gründlich.« Herr Wanter schluckt, verschränkt die Arme
vor der Brust, holt tief Luft und flüstert dann, damit
Susanna es nicht hört: »Du sollst zu einem Psychiater.«
Frauke will das Wort nicht gehört haben, sperrt sich dagegen, schüttelt den Kopf, als solle es wieder heraus, klopft
störrisch gegen die Schranktür, nimmt ihren Vater am
Arm, zieht ihn fort. Zögernd gibt Herr Wanter nach,
lächelt Susanna verlegen an. Dann zieht Frauke ihn auf den
Flur, eilt mit ihm das Treppenhaus hinunter zur Cafeteria.
Ihr Vater fragt sie immer wieder außer Atem: »Was soll
das, Frauke? Sag doch, was das soll!«

»Zwei Wiener Würstchen und Kartoffelsalat«, bestellt Frauke stolz an der Theke. Die Serviererin ruft nur »Ausverkauft!«, zeigt auf ein leeres Thekenfach.

»Jetzt ist der ganze Tag im Arsch.«

Herr Wanter schaut sich um, ob andere Fraukes Satz gehört haben, stößt sie an.

»Scheißladen«, flucht Frauke, »ist doch wahr.« Sie bestellt zwei Töpfchen Heringssalat, trägt sie an einen Tisch, winkt ihren Vater zu sich. »Hier«, sagt sie laut und zeigt auf die Gabel, schlingt einen Happen hinunter. »Schmeckt wie Essig.« Sie schmatzt, isst eine Scheibe Brot, um den sauren Geschmack loszuwerden.

»Frauke, du musst das nicht essen, wenn du nicht ...«

»Schmeckt doch prima«, unterbricht sie ihren Vater, isst ein Töpfchen leer, beginnt mit dem zweiten, bis die hellrosa Soße aus den Mundwinkeln quillt. »Ich esse, so viel ihr wollt«, sagt sie stolz, »ich bin gesund.«

»Versprichst du es?«, fragt er, hält ihr seine rechte Hand hin.

»Hundertprozentig. Tausendprozentig, wenn es sein muss.«

»Abgemacht.« Herr Wanter ist erleichtert, hält Fraukes Hand, rutscht auf dem Stuhl hin und her, seine Lippen zittern leicht. »Wir kriegen die Sache schon in den Griff«, sagt er mit kippender Stimme, »dann geht es Mutti auch wieder viel besser.«

26 »Gehen wir«, bittet Frauke. Herr Wanter kontrolliert den Sitz seiner Krawatte, zieht die Anzugjacke glatt, erhebt sich.

Als Frauke aufsteht, pocht ihr das Blut in den Schläfen. Sie muss sich am Stuhl fest halten, versucht einen sicheren Eindruck zu erwecken, lächelt ihren Vater an. »Los geht's«, sagt sie erleichtert, hakt sich bei ihm unter, bringt ihn zum Stationsarzt. Während sie in ihrem Zimmer warten muss, rumort es in ihrem Magen, sie muss aufstoßen, spürt einen säuerlich-bitteren Geschmack im Mund.

Durchhalten.
Nicht aufgeben.
Nicht jetzt, so kurz vorm Ziel.
Sie kriegen mich nicht.

»Deine Eltern sind bekloppt«, sagt Susanna, pult mit einem abgebrochenen Streichholz Bonbonreste aus den Zahnlücken.
Frauke stellt sich vor Susanna, klopft ihr auf die Schulter. »Mach's gut. Ich gehe nach Hause. Mein Vater nimmt mich mit.«
»Sind deine Eltern immer so?«, fragt Susanna.
»Die sind ganz in Ordnung.«
Draußen auf dem Flur bleibt Frauke einen Moment stehen, zögert. Ihre Beine sind bleischwer, kaum zu bewegen.
Ihr Vater kommt erleichtert auf sie zu.

»Endlich!« Frauke wirft ihre Tasche aufs Bett, klatscht in die Hände. »Endlich wieder in meinem Zimmer.«

»Du warst doch nur eine Nacht fort.« Frau Wanter packt die Tasche aus, wirft die dreckige Wäsche in einen Korb.

Frauke betrachtet die Andenken und Erinnerungsstücke auf dem Wandregal.

Ballettschuhe.

Muscheln aus der Nordsee.

Ein Halfter.

Ehrenurkunde der letzten Bundesjugendspiele.

Postkarten aus Italien, Frankreich, Österreich.

Eine kleine Puppe.

Stofftiere.

Ein Poesiealbum.

Alles ordentlich aufgebaut.

Jeder Gegenstand hat seine Geschichte. Frauke könnte erzählen, wie sie ihre Mutter immer wieder angebettelt hat, zur Ballettschule gehen zu dürfen. Wie stolz sie war, als sie endlich die Ballettschuhe geschenkt bekam. Und wie enttäuscht, als sie nach ein paar Übungsstunden von der Mutter hören musste. ›Es passt nicht zu dir. Du bist nicht zart genug fürs Ballett.‹ Oder die Erinnerung an die kleine Puppe. Letztes Jahr hat sie die Puppe wegwerfen wollen – einfach in den Müll, das abgegriffene Ding. Da wollte ihre Mutter sie haben, erzählte immer wieder die Geschichten von damals: Nie sei Frauke ohne ihre geliebte Puppe eingeschlafen, die ihr Vater ihr von einer Geschäftsreise mitgebracht hatte. Ihre Mutter hatte die Puppe nie leiden können, sie immer wieder versteckt.

»Grüß dich«, sagt Frauke zu ihrer Puppe, winkt dem Pferdeposter über dem Bett zu, »grüß dich.«

Seit dem vorletzten Jahr geht sie nicht mehr zur Reitschule, hat es aufgegeben, ihre Eltern davon zu überzeugen, wie wichtig das Reiten für sie ist.

›Du hast so viele andere Dinge, die dich auslasten‹, hat ihre Mutter für sie entschieden. Wenn Frauke darauf bestand, reiten zu wollen, hat die Mutter ihr die Geschichte erzählt, wie sie als Kind einmal auf einem Pferd gesessen hatte, das durchgegangen war, weil es zu nah an einen Elektrozaun gekommen war. ›Ich habe Angst um dich‹, hat ihre Mutter gesagt und Frauke das Reiten nicht mehr erlaubt.

»Kommst du, es gibt Abendessen!«, bittet ihr Vater.

»In Ordnung.« Frauke schließt die Tür, legt sich auf den Teppich, dreht sich und bleibt still liegen.

Das gehört mir.
Sie kriegen mich nicht. Nie im Leben.

»Möchtest du etwas Salat?«

»Ich habe in der Klinik schon zwei Becher Heringssalat gegessen!«

»Furchtbar!« Ihre Mutter ekelt sich. »Dieses Abfallzeug. Iss bitte vom frischen Salat. Der ist in der Sommerzeit besonders wichtig. Du brauchst Vitamine.«

Frauke schiebt den Teller zur Seite.

»Ich habe letzte Nacht keine Minute geschlafen, Frauke. Habe mir große Sorgen um dich gemacht. Was tust du uns nur an!«

»Das ist die Pubertät. Das kommt und geht auch wieder vorbei.«

»Du willst uns nur Sorgen machen«, sagt Frau Wanter erschöpft, wischt sich die Lippen mit der Damastserviette ab.

»Fraukeschatz«, beginnt Herr Wanter ruhig, »wir müssen Klarheit gewinnen. Ich möchte nicht, dass du dich in der Schule übernimmst und dich quälst. Wenn du es nicht schaffst oder willst, musst du eben zur Hauptschule gehen und machst später eine Ausbildung. Vielleicht eignest du dich doch besser für einen praktischen Beruf.« Herr Wanter wartet auf Fraukes Widerspruch und Empörung. Frauke starrt ihn entgeistert an.

Frau Wanter atmet tief durch, streicht über die Tischdecke. »Ist das der Dank für unsere Arbeit?«, fragt sie. »Jetzt, wo du in die neunte Klasse kommst und das Schlimmste vorbei ist, sollen wir aufgeben?«

»Vielleicht sollte sie wirklich zur Hauptschule ...«, wirft Herr Wanter ein.

»Nein«, unterbricht Frau Wanter ihren Mann, »nein, was sie jetzt abbricht, das wird nie wieder was.«

Herr Wanter fährt mit der Zunge über seine Lippen. »Frauke, was ist? Was meinst du dazu?«

»Ich gehe morgen wieder zur Schule. Weiß gar nicht, was ihr habt.«

Frau Wanter hält einen Augenblick inne, blickt dann ihren Mann an. »Früher war sie anders«, sagt sie.

30 Frauke weiß, was ihre Mutter jetzt erzählen wird.

Dass Frauke ein pflegeleichtes Kind gewesen ist.

Dass sie immer ihren Eltern gehorcht hat.

Dass sie Angst gehabt hat, wenn ihre Eltern Angst hatten.

Dass sie nicht fröhlich war, wenn ihre Eltern nicht fröhlich waren.

»Wir haben noch einmal Glück gehabt«, sagt Herr Wanter erleichtert. »Meine Tochter wirft die Flinte nicht ins Korn, die ist zäh.«

»Sie ist sensibel, kommt mehr auf mich heraus«, erwidert Frau Wanter.

»Streitet euch nicht, es ist alles in Ordnung. Ich bin wieder hier und bin gesund. Und jetzt muss ich die Schultasche noch packen«, sagt Frauke, gibt ihren Eltern die Hand, wünscht ihnen eine Gute Nacht. Sie nimmt mehrere Treppenstufen auf einmal, mit ein paar Schritten ist sie oben in ihrem Zimmer, holt gleich die Waage unter ihrem Bett hervor, stellt sich behutsam darauf, schaut auf die Anzeigescheibe, bückt sich, um genau ablesen zu können.

Sechsunddreißig Kilo.

Damals wog sie zweiundfünfzig Kilo. Vor einem Jahr noch. Vor einem halben Jahr noch knapp fünfzig. Wie sie damals ausgesehen hat!

Fettstirn.

Pickel.

Polster an den Hüften.

Dicke Beine.

Sie geht ins Badezimmer, beugt sich über die Toilette, steckt den Zeigefinger zitternd in den Mund, bis das Kribbeln kommt, das Kitzeln. Jetzt muss sie nur noch etwas kräftiger drücken.

Eine weiß-rosa Masse mit schwarzen Stippen kommt aus ihrem Mund. Frauke erbricht leise, still, spuckt aus, trinkt einen Schluck Wasser, steckt den Finger wieder in den Hals, versucht es noch einmal, setzt sich auf die kühlen Fliesen, legt den Kopf in den Nacken, atmet tief durch.

Unten spricht Herr Wanter laut, tritt heftig auf. Ein dumpfer Stoß. Frau Wanter läuft aus dem Wohnzimmer, schlägt die Tür zu.

Nicht hinhören.
Ich will sie nicht mehr sehen.
Ich halte sie nicht mehr aus.

Frauke steckt den Zeigefinger weit in den Hals, erbricht noch einmal. Kleine Spritzer landen auf den Fliesen.

Du bist undankbar, sagt Frauke sich, als sie das Erbrochene aufwischt. Du darfst es ihnen nicht antun.

Ihr Mund ist trocken, als sei er mit Säure ausgespült worden, die Schleimhaut brennt.

Sie schaut in den Spiegel, wäscht ihr Gesicht mit kaltem Wasser, putzt ihre Zähne, trinkt einen kleinen Schluck Mundwasser. Dann geht sie in ihr Zimmer, legt sich auf den Boden, macht Liegestütze.

Einatmen.

In den Stütz gehen.

Ausatmen.

Hoch.

Einatmen.

Fünfmal. Zehnmal. Ihr Herz rast. Sie spürt sich lange nicht mehr.

Was eben geschah, ist lange vorbei.

Frau Dr. Weniger ist die einzige Lehrerin, die Fraukes Fehlen bemerkt hat. »Wieder erholt?«, fragt sie nach.

»Prima«, antwortet Frauke, bedankt sich für die Nachfrage. Für die anderen Lehrer war sie nie krank. Die ziehen ihren Unterricht wie gewöhnlich ab, stellen Fragen, die sie am liebsten selbst beantworten, weil ihnen Schülerantworten zu lange dauern oder zu ungenau sind. Frauke lässt diesen Unterricht über sich ergehen. Nur in der Biologiestunde meldet sie sich, schnippt mit den Fingern, ruft Antworten laut in die Klasse, dass Frau Dr. Weniger ihr schon einen strengen Blick zuwirft.

Die Klassenkameraden lachen über sie.

Frauke ist in keinem Fach schlechter als ›gut‹. Nur in Sport ist sie in den letzten Wochen auf ›befriedigend‹ abgesackt.

Noch zwei Schulstunden. Neunzig Minuten.

Frauke wippt auf dem Stuhl hin und her, massiert ihr Steißbein, tastet es verstohlen ab. Es schmerzt bei jeder Berührung, als sei die Haut papierdünn und wund.

Frauke schreibt mit, rechnet, füllt Arbeitsblätter aus. Sie will hellwach sein, jeden Satz mitbekommen, den der Lehrer sagt. Sie merkt nicht, was um sie herum geschieht, dass ihre Klassenkameraden miteinander tuscheln, sich Zettelchen zuschieben, lachen.

Sie sieht sich arbeiten, stellt sich vor, wie schön es wäre, in Englisch eine ›Eins‹ zu bekommen.

»Frauke, was ist los? Schläfst du?«

Frauke erschrickt, will aufstehen, stößt dabei den Stuhl um, steht verdattert vor ihrem Tisch.

»Zu lange ferngesehen, gestern Abend?«, fragt Nowatzki, der Englischlehrer.

»Entschuldigung«, stammelt Frauke.

Sie könnte sich ohrfeigen. Sie hat aufpassen wollen, fühlte sich so gut. Und dann mitten in der Englischstunde eingeschlafen. Hoffentlich berichtet Nowatzki das nicht ihren Eltern. Ausgerechnet Nowatzki. Frauke schämt sich, schaut sich unsicher um. Birgit, ihre Klassenkameradin, lacht verstohlen über die Abwechslung. Vor einem Jahr hat Frauke Birgit noch zu sich nach Hause eingeladen, sie haben Platten getauscht, sich Pferdebücher ausgeliehen. Mit einem Tag war's vorbei. Den Grund dafür hat Birgit nie gesagt.

Frauke verspürt ein starkes Brennen im Magen, massiert ihren Bauch, atmet gleichmäßig durch.

Ich spüre nichts.

Endlich das Klingeln.

Frauke läuft los, so schnell sie kann. Bloß nicht mehr sich mit jemandem unterhalten müssen.

Sie rennt, schwitzt nicht. Die Häuser und Bäume am Straßenrand verschwimmen vor ihren Augen. Nur weg.

Nachmittags sitzt sie an ihrem Schreibtisch, gut ein Dutzend Bücher liegen auf der Tischplatte. Frauke geht ihre Englischvokabelkartei durch, lernt neue Wörter, wiederholt alte, bei denen sie gestern oder in der letzten Woche Fehler gemacht hat. Die Vokabeln passen nicht in ihren Kopf, lassen sich nicht merken. Drei-, viermal versucht sie es schon, ist müde, erschöpft, legt den Kopf auf die Tischplatte.

Ich muss lernen. Ich darf sie nicht enttäuschen. Lernen, Frauke!

Ihre Mutter weckt sie, da sind die Gäste schon da. Herr und Frau Störmer haben sich angesagt, Geschäftsfreunde Herrn Wanters. Störmer leitet die Werbeabteilung einer Metallwarenfirma.

»Du siehst verschlafen aus«, sagt ihre Mutter, »ich habe gedacht, du machst Schularbeiten. Hast mich die ganze Zeit allein arbeiten lassen.«

Frauke entschuldigt sich, begrüßt die Störmers im Wohnzimmer. Herr Störmer hält ein dünnes Glas in der Hand, prostet Frauke zu.

»Schön, dich zu sehen. Tag, Frauke.«

»Wie dünn sie geworden ist!«, erschrickt Frau Störmer. Ihr Mann hustet, schüttelt verlegen Fraukes Hand.

»Ich esse genug, aber es bleibt nichts hängen«, erklärt Frauke lächelnd, als würde sie einen Witz erzählen.

Frau Wanter tischt auf. ›Hummer Thermidor‹ und einen trockenen Weißwein, für Frauke Orangensaft. Dazu süßen Salat mit Ananasstückchen.

»Hervorragend!« Frau Störmer ist begeistert, kaut genussvoll. »Sie hätten sich nicht so große Mühe machen müssen – unseretwegen.«

Herr Störmer probiert vom Hummer. »Köstlich!«, ruft er mehrmals, »ganz ausgezeichnet!«

Frauke beäugt die hellroten Panzerschalen, die das weiße faserige Hummerfleisch umgeben, schmeckt die Soße ab.

›Hummer Thermidor‹ schmeckt fantastisch. Der Fischgeschmack wird vom überbackenen Emmentaler leicht überdeckt, das Fleisch ist zart, weich, zergeht fast auf der Zunge. Frauke kennt den Geschmack von ›Hummer Thermidor‹, es ist das Gästeessen ihrer Mutter. Sie nimmt zwei Gabeln davon, schluckt das Fleisch unzerkaut hinunter. Es rutscht langsam, als klebe es in der Speiseröhre, bliebe stecken, verätze.

»Waren das frische Hummer, Frau Wanter? Haben Sie die Tiere lebendig in heißes Wasser geworfen?«

»Um Himmels willen! Die sind aus der Tiefkühltruhe. Ich könnte kein Tier umbringen.«

Frauke schaut ihre Mutter zweifelnd an, will nicht hinhören, wie Frau Störmer die Geschichte von den fiependen Hummern erzählt. Sie blickt über den Tisch, es ist, als bewege sich etwas in den Speisen, als lebten die Hummer noch. Der Salat scheint vor ihren Augen zu tanzen. Sie möchte am liebsten über eine Wiese laufen und laut schreien.

»Wie geht es in der Schule?«, fragt Frau Störmer.

»Ausgezeichnet!«, antwortet Frau Wanter, bevor Frauke überhaupt etwas sagen kann. Dann werden Ergebnisse der letzten Klassenarbeiten aufgezählt, wird über gute Beurteilungen der Lehrer berichtet. Voller Stolz erzählt Frau Wanter von Fraukes Hobby, der Biologie, und von Fraukes Begeisterung für die Schule.

»Schön, wenn man so ein Kind hat.« Herr Störmer klopft zufrieden auf seinen Bauch und nickt Frauke zu.

»Kann man wirklich sagen«, stimmt Herr Wanter ihm zu, hebt sein Glas. »Es muss in der Familie alles stimmen, wenn ein Kind Erfolg und Glück haben will. Und Erfolg braucht ein Kind heute, sonst hat es keine Chance im Leben.«

Dann schwenken sie auf ein anderes Thema um: die Ferien am Wolfgangsee. Sie lachen heftig, als Herr Wanter von Fraukes Surf-Versuchen berichtet.

Frauke lacht mit, schaut dabei auf den Tisch.

Lebendige Hummer laufen vor ihr her, bedrohen sie mit ihren grellroten gezackten Scheren.

Vati ist nicht besser als die anderen. Der will nur, dass ich in der Schule was leiste und dass er mich vorzeigen kann. Dem müsste ich wirklich mal kommen, ich wollte einen praktischen Beruf erlernen.

Der würde mich tagelang bearbeiten, bis ich wieder am Gymnasium weitermachen würde. Vati spielt nur so lange den lieben Vati, wie er Mutti übertrumpfen kann.

»In meiner Abteilung«, sagt Herr Wanter, kichert und legt einen Arm um Frauke, »ist eine junge Frau, die versucht seit Jahren, Surfen zu lernen. Die schafft es einfach nicht. Kein Gleichgewichtssinn. Tja. Die wiegt beinahe zwei Zentner. Da hast du es besser.«

»Ja«, antwortet Frauke gehorsam, ringt nach Luft, hält sich an der Tischkante fest. »Mir ist schlecht, darf ich gehen?«

»Geh nur, Schatz. Soll ich mitkommen?« Frau Wanter steht besorgt auf, beugt sich zu Frauke herunter.

»Nicht nötig. Ich schaff's schon.«

Frauke geht steif nach oben ins Bad.

Erbricht.

Heult.

Ich will sie nicht sehen. Sie sind alle gleich.

»Komm endlich! Du kannst Störmers nicht vor den Kopf stoßen, musst dich wieder sehen lassen!« Fraukes Mutter steht in der Badezimmertür, winkt ihr nervös zu.

»Komm schon. Sei vernünftig.«

Frauke trottet hinter ihr her, hält sich am Treppengeländer fest.

»Du machst alles kaputt! Jetzt krieg ich Migräne«, flüstert die Mutter ihr zu.

Der Abend verläuft wie gewöhnlich. Um zehn Uhr darf Frauke auf ihr Zimmer – »wegen der Schule«, entschuldigt ihre Mutter sie bei den Störmers.

»Muss Frauke so viel für die Schule tun? Sie sieht sehr blass aus.«

»Das gibt sich, Frau Störmer«, antwortet Fraukes Mutter, »das kommt und das gibt sich wieder. Stoffwechselstörung. Pubertät.«

»Hoffentlich.« Frau Störmer drückt Frauke besorgt die Hand. »Alles Gute, Kind.«

»Das gibt sich«, sagt Herr Wanter laut, »ein paar Wochen, dann ist alles vorbei.«

Frauke sitzt am offenen Fenster, schaut hinaus auf die Stadt, hört Autos vorbeisurren. Es ist alles so laut, so aufgeregt. Sie nimmt einen Zettel, notiert, was sie an Hausaufgaben zu erledigen hatte, prüft, ob sie alles erledigt hat, holt das Biologiebuch hervor, liest das letzte Kapitel noch einmal, prägt sich Merksätze ein. Sie legt sich auf ihr Bett, versucht zu schlafen. Ihr Herz schlägt heftig, die Geräusche, die von draußen hereindringen, werden laut, als würden sie verstärkt. Sie will müde werden, springt auf, macht Kniebeugen, Liegestütze, Rumpfbeugen, legt sich wieder ins Bett. Nicht träumen. Nur tief schlafen können, am nächsten Morgen erholt aufwachen. Die Gespräche vom Abend aus der Erinnerung fortwischen.

Noch einmal zehn Liegestütze. Pause. Dann noch einmal fünf. Ihr Atem geht stoßweise, sie keucht, Spucke tropft auf den Boden.

Dann geht sie noch einmal zur Kontrolle zur Toilette, versucht zu erbrechen. Nichts außer einem bisschen dunkelgrünem Schleim kommt aus ihr heraus.

Gut so.
Ich bin stark.
Ich kann mich selbst zerreißen.
Denen werde ich zeigen, was ich kann.

Sie stellt sich vor den Spiegel, betrachtet sich aufmerksam.
Schmales Gesicht.
Auffällig vorspringende Backenknochen.
Flacher Bauch.
Kleiner Busen.
Rippen, die sich abzeichnen.
Trockene Lederhaut mit hellen feinen Härchen.
Pickel.
Einssiebzig lang, sechsunddreißig Kilo schwer.

Ich.
Frauke.
Ich — nicht.

Zwei Kilo weniger, dann wäre ich hundertprozentig. Noch zwei Kilo.

Die werden sehen, wie stark ich bin.

»Schläfst du noch nicht?« Ihr Vater überrascht sie, geht langsam auf sie zu. »Frauke«, sagt er lallend, »tu Mutti das nicht an. Die kann nicht mehr.«

»In Ordnung, Vati«, versucht Frauke ihren Vater abzuwimmeln.

»Bekommst du nicht alles von mir, Fraukeschatz?« Er leckt seine Lippen ab, wischt mit dem Handrücken darüber, fasst Fraukes Schultern, stellt sich auf die Zehenspitzen. »Bekommst du nicht alles von uns, Frauke?«

»Es ist alles in Ordnung«, antwortet sie sachlich, »ich weiß gar nicht, was du immer willst.«

Ihr Vater nimmt sich zusammen, steckt die Hände in die Hosentaschen. »Dann eben nicht!«, sagt er laut. »Ich laufe niemandem nach. Ich nicht! Habe ich gar nicht nötig.«

Er steht mitten im Zimmer, ringt nach Luft, schlägt sich vor die Stirn, immer heftiger, dass es laut klatscht. Er hält die Hand vor die Augen, als schäme er sich, stampft fest auf, streckt die Hand nach Frauke aus. Sie zittert leicht, ist feucht vor Angst und Enttäuschung.

»Mach doch was«, bittet ihr Vater, presst die Lippen aufeinander, »hilf uns doch«, stammelt er.

»Morgen früh geht's dir besser. Du hast zu viel getrunken.« Frauke zieht ihn aus ihrem Zimmer, bringt ihn zur Treppe. »Gute Nacht, Fraukeschatz.«

41

»Gute Nacht.« Frauke sagt nicht ›Vati‹. Das ist nicht ihr Vati, der in der Firma die Abteilung sicher und umsichtig leitet, der zu Hause für Zufriedenheit und Freude sorgt.

Herr Wanter geht unsicher die Treppenstufen hinunter, hält sich krampfhaft am Geländer fest, schwankt, dreht sich langsam um. »Nacht, Frauke.«

»Nacht, Vati«, antwortet Frauke und rennt in ihr Zimmer. Sie ist erschöpft, müde und niedergeschlagen, kann nicht einschlafen.

Es ist alles ein Trick.
Sie wollen mir alles geben, dabei wollen sie mich nur kriegen. Eine liebe Tochter haben, die sie vorzeigen können, die den Besuch artig begrüßt.

Am nächsten Morgen wird Frauke nur schwer wach. Benommen schluckt sie lauwarmen Haferbrei hinunter, isst eine halbe Scheibe Brot, das mit einer dicken Käsescheibe belegt ist, rennt zur Schule. Schon von weitem hört sie die Schulklingel, läuft so schnell sie kann. Die erste Stunde über sitzt sie wie gelähmt auf ihrem Stuhl, spürt den Haferbreigeschmack, das Käsearoma, zieht den Bauch ein und redet sich ein, die Nahrung werde vom Magen abgestoßen. Voller Spannung wartet sie auf das Ende der Stunde.

42 Dann läuft sie zur Toilette. Sie hat fünf Minuten Zeit zu erbrechen, kommt dann erleichtert in den Klassenraum, setzt sich locker hin.

Englisch.

Nowatzki gibt die Klassenarbeit aus der letzten Woche zurück. Grammatiktest. Frauke hat noch nie schlechter als ›gut‹ abgeschnitten.

Nowatzki lächelt süffisant, als er ihr das Heft reicht. »Wohl etwas zu viel ferngesehen«, sagt er, »du solltest mal ausschlafen.«

›Mangelhaft‹ steht in breiter roter Schrift unter der Arbeit. Daneben: ›Hoffentlich eine einmalige Fehlleistung. Frauke muss unbedingt aufmerksamer den Unterricht verfolgen.‹

Das darf nicht wahr sein.

Das ist nicht wahr.

Nowatzki hat meine Arbeit vertauscht. Ich habe alles hundert Mal gelernt, kann es im Schlaf aufsagen.

Der will mich fertig machen. Er kann mich nicht leiden, weil ich nicht schleime wie die anderen.

Nowatzki hatte mich schon immer auf dem Kieker.

Nowatzki bespricht die Arbeit. Frauke geht Zeile für Zeile durch. In jeder Zeile hat sie mindestens einen Fehler.

In den folgenden Unterrichtsstunden sieht Frauke immer nur den Grammatiktest vor sich, hört ihre Mutter schon reden, sieht sich mit ihren Eltern am Tisch sitzen.

Es kommt so, wie sie es sich vorgestellt hat.

»Du hast doch etwas!«, sagt ihre Mutter gleich, Frauke hat die Schultasche noch nicht einmal abgestellt.

»Es ist alles o.k.«

»Lüg nicht!«, sagt die Mutter scharf. »Fange jetzt nicht noch das Lügen an. Es ist doch was passiert.«

Frauke lehnt sich gegen die Wand, kann sich nicht mehr bewegen, ihre Arme und ihr Rücken sind steif, ihr Mund ist trocken. Sie bekommt kein Wort heraus, bewegt unbeholfen die Lippen.

»Kind«, seufzt ihre Mutter, »sag doch was.«

Frauke lässt sich an der Wand hinuntergleiten, legt sich auf den Boden. Ihre Mutter kniet sich neben sie, schüttelt sie.

»Etwas zu trinken.«

Frau Wanter rennt in die Küche, holt ein Glas Wasser, setzt es Frauke an die Lippen, flößt ihr etwas ein, gießt etwas über die Stirn. »Durchatmen, nicht verkrampfen, Frauke!«

Frauke verkrampft sich, ihre Backenknochen bilden sich deutlich unter der Gesichtshaut ab, Schweiß tritt auf die Stirn, sie friert. »Ich hab 'ne ›Fünf‹ in Englisch.«

Im gleichen Moment würde sie am liebsten für immer stumm werden. Sie öffnet ihre Schultasche, holt das Englischheft heraus, hält es ihrer Mutter hin.

»Nowatzki hat die Arbeit gefälscht. Das ist nicht meine Arbeit. Er ist nur sauer, weil ...«

»Reg dich nicht auf, Frauke.« Ihre Mutter nimmt das Heft, schlägt es hastig auf, liest vor: »›Frauke muss unbedingt aufmerksamer dem Unterricht folgen.‹ – Heute Nachmittag gehen wir zu Dr. Mönkmaier.« Sie legt das Heft auf den

Boden, hilft Frauke auf. »Leg dich ins Bett. Ich bringe dir das Mittagessen hoch.«

Frau Wanter bringt Frauke aufs Zimmer, zieht sie aus, legt sie ins Bett, fühlt, ob sie Fieber hat. »Schlaf, bis ich das Essen fertig habe.«

Frauke fügt sich, dreht sich zur Seite, schließt die Augen.

Kein Traum. Keine Stimmen.

Es ist alles so leer.

Frau Wanter trägt eine große Tasse Hühnerbrühe auf einem Tablett herein, setzt sich zu Frauke aufs Bett, füttert sie, muntert sie auf. Frauke hört nicht hin, knabbert am Zwieback, den ihre Mutter ihr hinhält.

Ein Taxi bringt Frauke und ihre Mutter zu Dr. Mönkmaier, dem Hausarzt. Die Sprechstundenhilfe führt sie in ein kleines Wartezimmer.

»Frauke ist wieder zusammengebrochen«, sagt Frau Wanter niedergeschlagen ihrem Hausarzt, lässt sich erschöpft auf den Stuhl fallen und stöhnt.

»Was ist mit dir?«, fragt Dr. Mönkmaier väterlich besorgt. Frauke steht ihm starr und aufrecht gegenüber. »Nichts«, antwortet sie, »war wohl die Hitze.«

»Sie schafft die Schule nicht mehr!«, ruft Frau Wanter. Mönkmaier notiert etwas auf einer Karteikarte, fragt Frauke, ob sie etwas dagegen habe, dass er sie untersuche, misst den Puls, nimmt Blut ab, tastet sie ab, prüft Reflexe.

Frauke kennt das Ritual, lässt sich widerstandslos untersuchen, gibt knappe Antworten auf Mönkmaiers Fragen. »Geh bitte auf die Waage.«

Frauke steht vom Untersuchungstisch auf, will sich erst anziehen, da schüttelt Mönkmaier den Kopf. Sie stellt sich auf die hellweiße Emailwaage, Mönkmaier schiebt Gewichte hin und her. »Es bleibt dabei. Fünfunddreißigeinhalb.« Er setzt sich hinter seinen Schreibtisch, schlägt in einem dicken roten Buch nach, liest aufmerksam.

»Sie können sich nicht vorstellen, was ich mit Frauke durchmachen muss, es ist ...« Frau Wanter zögert, dann – nach einer Pause – sagt sie bestimmt: »Es ist die Hölle, Sie können es mir glauben.«

»Migräne?«, fragt Dr. Mönkmaier.

Frau Wanter nickt. »Mein Mann und ich, wir sind schon ganz ...«

»Sie müssen Ihre Ruhe wieder finden, das ist auch für Frauke besonders wichtig«, unterbricht Mönkmaier sie. »Wir sollten es noch einmal zu Hause versuchen. Frauke bekommt eine Kalorientabelle und soll jeden Tag mindestens 1800 Kalorien zu sich nehmen.« Er dreht sich zu Frauke um. »Achte nicht auf dein Gewicht. Immer nur essen, essen. Immer nur hinein, verstehst du, Frauke. Ein, zwei Wochen, dann ist alles wieder gut. Versteck die Waage für ein paar Wochen.«

Frauke schaut betreten zu Boden. »Das kam doch nur wegen der Arbeit. Nowatzki wollte mich reinlegen. Ich schreibe in Englisch nie im Leben eine ›Fünf‹.«

»Kann mal passieren, in dem Alter«, sagt Mönkmaier, »du

musst es allein schaffen, Frauke. Wenn du nicht bald wieder auf dein Gewicht kommst, müssen wir dich in eine Klinik bringen.«

»Ach was. Ich schaffe das schon«, sagt Frauke ganz überzeugt.

»Schön«, erwidert Mönkmaier, gibt Frau Wanter eine Broschüre, begleitet Frauke und sie zur Tür. »Ich kenne dich seit mehr als zehn Jahren, da kann ich dir vertrauen«, sagt er zu Frauke, gibt ihr die Hand und nickt ihr zu.

»Meine Migräne!« Frau Wanter hüstelt verlegen. »Ich halte sie nicht mehr aus.«

Dr. Mönkmaier entschuldigt sich, eilt zum Schreibtisch und schreibt ein Rezept. »Grüßen Sie Ihren Gatten von mir«, verabschiedet er sich.

Auf der Nachhausefahrt sagt Frauke kein Wort. Der Taxifahrer versucht einige Male ein Gespräch über das heiße Wetter zu beginnen, wird von Frau Wanter mit einem kurzen ›Ja, da haben Sie sicher Recht‹ abgefertigt. Sie halten vor einer Apotheke. Frau Wanter reicht Frauke das Rezept und das Portmonee. »Beeil dich.«

Frauke steigt umständlich aus dem Auto. In der Apotheke schiebt sie die Zettel lässig über den Verkaufstisch, schaut sich um, geht zielstrebig zu einer Waage.

Knapp sechsunddreißig Kilo, Rock und Pullover eingerechnet.

»Ist das alles?«, fragt der Apotheker routinemäßig freundlich, rechnet die Preise zusammen.

»Ein mildes natürliches Abführmittel, bitte.« Der Apotheker staunt. »Für Sie?«

Frauke möchte am liebsten weglaufen, so wie er sie ansieht.

»Möchten Sie ein Schlankheitsmittel oder ein Abführmittel?«

»Ein Abführmittel, für meine Mutter.«

Der Apotheker zieht eine lange Schublade auf, holt eine kleine Schachtel hervor, hält sie Frauke hin, als sei sie besonders wertvoll. »Das ist schonend, aber sehr wirksam.«

Frauke bezahlt. Acht Mark kostet das Abführmittel. Ihre Mutter wird nicht merken, dass acht Mark zu wenig im Portmonee sind. Gewandt steckt Frauke die kleine Schachtel in die Rocktasche, zerreißt die Quittung.

»Gute Besserung«, wünscht der Mann, schließt die Kasse.

Als Frauke wieder im Taxi sitzt, möchte sie am liebsten laut lachen.

So mager – und dennoch ein Abführmittel ergattert. Das soll mir erst einmal jemand nachmachen ... Ich kriege, was ich will.

Zu Hause möchte sie gleich in den Garten, im Liegestuhl dösen, an nichts denken müssen. »Geh ins Bett«, sagt ihre Mutter besorgt, »du hast gehört, was Dr. Mönkmaier verordnet hat.«

48   »Mutti!« Frauke ist entsetzt. »Ich bin nicht krank.«

»Still!«, sagt ihre Mutter streng. »Du gehst ins Bett und erholst dich. Ich weiß, was ich in solchen Fällen tun muss.«

Ich spiele mit.
In ein oder zwei Tagen ist alles vorbei.

Frauke legt sich folgsam ins Bett. Ihre Mutter fühlt ihren Puls, legt die Hand auf ihre Stirn, ist zufrieden. »Ich werde dich schon gesund pflegen. Habe nicht umsonst den Schwesternkurs mitgemacht. Wollte doch Ärztin werden, weißt du ...«

»Ich weiß, Mutti, erzähl's jetzt nicht!«

Eine halbe Stunde später kommt ihre Mutter und bringt einen Sahnegrießbrei. »Siebenhundert Kalorien bei zweihundert Gramm«, sagt sie stolz, hält Frauke das Schüsselchen unter die Nase. Frauke atmet durch den Mund, dreht ihren Kopf zur Seite.

»Frauke!«

»Gib schon, verdammt noch mal!« Frauke greift entnervt nach dem Schüsselchen, da zieht es ihre Mutter ein Stück zurück, hält ihr einen Löffel hin. »Du bist krank«, sagt sie, »da muss ich dich füttern.«

Frauke öffnet den Mund wie ein hungriges Vogeljunges, streckt der Mutter den Kopf entgegen, leckt mit der Zunge vorsichtig am Grießbrei. Eine zähe Masse, die nach Butter riecht. Das Zeug steht vor Fett. Frauke isst etwas davon, der Löffel ist nur noch halb voll. Sie lässt den Brei auf der Zungenspitze liegen, schiebt ihn an der Backenwand entlang in den Rachen, schluckt.

Ich hätte nie mitmachen dürfen.

»Es schmeckt ekelhaft.«

Frau Wanter schweigt, füllt den Löffel wieder, hält ihn hoch. Frauke schüttelt den Kopf. Frau Wanter erzählt, wie sie Frauke ›damals‹ gefüttert habe. Damals: Da war sie ein kleines Kind.

Frauke sei immer ein schlechter Esser gewesen, aber sie habe es immer geschafft, dass sie den Teller leer gegessen habe. »Wie oft habe ich dich stundenlang gefüttert!«, sagt sie, betont das ›stundenlang‹ und erklärt, wie sie sich für Frauke aufgeopfert habe. Dabei hält sie Frauke den Löffel vor den Mund. Jedes Mal, wenn Frauke den Mund etwas öffnet, schiebt sie ein wenig Brei hinein.

»Was möchtest du heute Abend essen?«, fragt sie leise. Frauke versucht ein Gericht zu finden, das ihre Mutter mit Sicherheit nicht kochen wird. »Erbsensuppe«, sagt sie tonlos. »Ich könnte einen guten Eintopf vertragen.«

Frau Wanter schluckt. »In Ordnung. Wenn es dir hilft.«

Sie ruft ihren Mann im Büro an, berichtet vom Arztbesuch und bittet ihn, Erbsensuppe mitzubringen, ist schon wieder oben bei Frauke, fühlt ihren Puls. »Du bekommst, was du dir wünschst. Aber dann musst du auch schnell gesund werden.« Frauke hält sich die Ohren zu, bekommt Schweißausbrüche. Plötzlich ist sie auf eine merkwürdige Art zufrieden, lacht, schläft ein.

Träumt.

Wacht.

Träumt.

Sie geht über einen Weg, der an beiden Seiten von hohen, dunkelroten Backsteinmauern eingegrenzt wird. Frauke trägt ihre schwarzen Lackschuhe und das lange weiße Kleid. Der Schleier schleift über die Erde, bleibt dennoch hellweiß. Endlich gelangt Frauke an eine breite riesige Brücke, die wie eine große Muschel vor ihr liegt. Die Brücke steigt steil an, endet an einer Schlucht. Dunkle, scharfkantige Felsen türmen sich vor ihr auf, werden zu Gestalten. Von oben kommt eine breite blaue Welle auf sie zu, treibt weiße Schaumkronen vor sich her. Frauke wirft sich auf den Boden, schlägt sich die Knie auf, steht hastig auf, rennt fort. Vor ihr ein großer Garten, in dem Orangen- und Zitronenbäume in einem Viereck stehen. Frauke legt sich unter einen Zitronenbaum, die Erde ist weich und feucht. Sie reißt ein Stück Erde heraus, steckt es in den Mund. Es schmeckt nach Zitrone.

Es ist kalt, als sie aufwacht. Frauke liegt wie erstarrt, schaut sich um, ob ihre Mutter noch im Zimmer ist, tastet die Matratze ab, gelangt in Beckenhöhe. Das Bettlaken ist nass. Frauke reißt das Oberbett herunter, fühlt noch einmal nach.

Die schöne warme Erde.

Der Zitronengeschmack.

Sie nimmt das Bettlaken ab, faltet es zusammen, dass man den Flecken nicht sehen kann, dreht die Matratze um, bezieht ihr Bett neu.

51

Jetzt nur schnell duschen und alles vergessen.

»Es stinkt hier«, bemerkt die Mutter, die nach oben gekommen ist, um nachzusehen, wie es Frauke geht.

»Ich schwitze furchtbar.« Frauke zieht die Beine an, umklammert sie.

»Hast du ins Bett gemacht?«, fragt ihre Mutter, tastet die Matratze ab, schnuppert, findet das Laken. »Du hättest es ruhig sagen können, das kann jedem passieren.« Frau Wanters Augen glänzen, sind weit aufgerissen. Ihre Kinnpartie ist gespannt.

»Du tust mir Leid, Frauke.«

Das ist die schlimmste Falle.
Wenn ich jetzt nachgebe, hat sie es geschafft.

»Kann mal passieren, wenn man Fieber hat.« Frauke sagt das ruhig, als berühre es sie nicht. Sie hilft ihrer Mutter, die Matratzen auf den Balkon zu tragen, holt trockene Matratzen aus dem Gästezimmer und bezieht das Bett neu.

Herr Wanter kommt später als versprochen, entschuldigt sich, er habe noch eine Besprechung durchführen müssen, bringt Frauke eine Terrine Erbsensuppe hoch.

»Iss schön und mach dir keine Sorgen. Denk nur mal an dich.«

»Mache ich«, sagt Frauke, zieht die Terrine ein Stückchen zu sich heran, riecht an der Suppe.

»Denk nicht an Mutti oder mich, wir schaffen es schon.«

Mühsam nimmt Frauke den ersten Löffel Erbsensuppe, bugsiert die Stücke in ihren Mund, schluckt die Fleischstücke und die Erbsen heil herunter. Bei jedem Löffel Erbsensuppe schließt sie die Augen, sieht sich, wie sie an beiden Armen von riesigen Zangen fest gehalten wird, hört unablässige ›Weiter! Weiter!‹-Rufe.

Die Suppe ist lauwarm, mehlig, versalzen und macht durstig. »Bist du fertig?«, ruft Fraukes Mutter aus der Küche.

»Ich habe noch Nachtisch gemacht.«

»Iss schnell fertig!«, fordert Herr Wanter Frauke auf, klopft ihr auf die Schulter.

Ihr kriegt mich nicht. Nicht so einfach.

Sie wartet, bis ihre Mutter den Nachtisch gebracht und sie gefüttert hat, bis ihre Eltern zufrieden verschwunden sind. Dann schleicht sie zur Toilette. Das Erbrechen geschieht schon wie mechanisch. Mund weit auf, Finger in den Rachen, Berührung des Zäpfchens, schmerzhaftes Kribbeln, kurzer Krampf, dann der Druck und das erleichternde Gefühl, von einer Last befreit zu werden.

Frauke holt die Schachtel Abführtabletten aus ihrer Rocktasche, nimmt zwei, trinkt einen Schluck Wasser. Jetzt ist sie zufrieden.

Als Herr Wanter seiner Tochter später eine Gute Nacht wünscht, küsst er sie auf die Stirn. »Mutti geht es schlecht. Sie hat den ganzen Tag nichts gegessen. Sieh zu, dass du dich gut erholst.«

Frau Wanter kontrolliert nachts alle zwei Stunden, ob Frauke schläft. Frauke bemerkt jeden ihrer Kontrollbesuche, schläft unruhig, wird von ihren Schritten wach.

»Iss morgen mehr, nur Vati zuliebe. Er macht sich große Sorgen, kann nicht schlafen.«

»Ich bin müde«, nuschelt Frauke, reibt sich die Augen. Die brennen vor Schmerz.

III

»Mach endlich die Tür auf!«, brüllt Frau Wanter, drückt die Klinke herunter. »Mach endlich!«

»Lass mich in Ruhe!«, schreit Frauke aus dem Badezimmer. Ihr Rücken schmerzt, sie wagt nicht sich zu bewegen, verkrampft sich, ihre Beine und Arme fühlen sich hart und taub an. »Ich habe Durchfall, verdammt. Lass mich!«

»Auch das noch! Das kommt von dieser miesen Erbsensuppe, die Vati dir gestern mitgebracht hat. Man kann sich auf ihn einfach nicht verlassen.«

»Blödsinn«, murmelt Frauke, öffnet die Tür, geht in ihr Zimmer, lässt sich aufs Bett fallen, schlägt mit dem Kopf gegen das Bettende.

»Albert«, schreit Frau Wanter, als könne ihr Mann sie jetzt hören, dann stürzt sie auf Frauke zu, presst sie an sich. Frauke spannt ihre Muskeln an, presst die Arme an den Körper, ballt die Hände fest zu Fäusten, dass die Fingernägel ins Fleisch drücken. »Kind! Kind!«, ruft Frau Wanter, tätschelt Fraukes Wangen, »werd wieder vernünftig!« Sie horcht auf Fraukes Atem, legt ein Kissen unter ihren Kopf. »Einatmen. Ausatmen ... Kannst froh sein, dass ich Ahnung von Krankenpflege habe. Ich wollte immer schon ...«

54

Nein, nicht diese Geschichte.
Nicht wieder, dass sie mal Ärztin werden wollte
und darauf verzichtet hat, weil ich geboren wurde.
Nicht diese Geschichte.

»Dreh dich um, wir müssen Fieber messen.«

»Das mache ich allein, geh raus.«

»Ich trau dir nicht«, sagt Frau Wanter streng, hält Frauke das Fieberthermometer hin. Frauke nimmt es, gehorcht. Sie warten fünf Minuten, dann holt Frauke das Fieberthermometer wieder hervor. Bevor sie die Temperatur ablesen kann, greift ihre Mutter danach. »Kein Fieber«, sagt sie nur kurz und geht aus dem Zimmer. Kaum ist sie fort, springt Frauke aus dem Bett, macht Liegestütze, Arm- und Rumpfbeugen, zieht die Waage unterm Bett hervor.

Fünfunddreißig Kilo.
Ein halbes Kilo abgenommen.
Gewonnen. Aber noch nicht ganz.
Noch ein oder zwei Kilo.

Sie zieht die Decke über den Kopf, dämmert vor sich hin, bekommt nicht mehr mit, wie der Tag vergeht, registriert nur noch Mahlzeiten und Kontrollbesuche ihrer Mutter.

»Frauke! Aufwachen! Es ist schon halb sieben. Du musst Fruchtsaft trinken.« Ihr Vater schüttelt sie, stellt ein Glas auf den Nachttisch, tippt sie leicht an. Frauke greift benommen nach dem Glas, trinkt es aus. Wie durch einen dünnen feinen Schleier nimmt sie ihre Umgebung wahr.

»Mach's gut!«, ruft ihr Vater ihr zu und verschwindet.

Frauke lässt sich zurückfallen und schläft gleich wieder ein. Sie weiß nicht, wie viele Stunden vergangen sind, als sie wach wird. Draußen ist es schon hell, Autos fahren vorbei, hupen. Frauke spürt ein heftiges Brennen im Magen. Ihr Mund ist trocken, sie hat Hunger, will etwas essen, egal was.

Sie holt eine Flasche Milch aus dem Kühlschrank, trinkt sie halb leer. Die kalte Milch rinnt durch die Kehle, dass sie sich schütteln muss. Sie nimmt zwei Scheiben Schwarzbrot, zerkaut sie kräftig, isst einen Apfel. Das Hungergefühl wird eher stärker. Zwei Becher Joghurt schlingt sie in sich hinein, gerät dabei außer Atem.

»Jetzt schmeckt's dir!«, ruft ihre Mutter begeistert, stellt sich hinter sie, nimmt sie in den Arm. »Das wirkt aber auch.« Sie zeigt auf die Kalorientabelle, die Dr. Mönkmaier ihnen gestern gegeben hat, und liest ab: »Zur Steigerung des Appetits kann morgens nüchtern etwa dreißig bis vierzig Gramm Traubenzucker in Tee oder Fruchtsaft aufgelöst verabreicht werden. Nach ein bis zwei Stunden erreicht der Blutzucker zuweilen hypoglykämische Werte. In dieser Phase kann sich ein Hungergefühl oder sogar Heißhunger bemerkbar machen.«

»Der helle Wahnsinn!« Frauke rennt nach oben, wirft sich auf ihr Bett. Ihre Mutter folgt ihr, liest dabei den Speiseplan vor, den sie für heute aufgestellt hat: »Erstes Frühstück: Sagobrei mit Kaffeesahne, Butter und Traubenzucker. Zweites Frühstück: Weißbrot, Käse, Milch. Mittags: Kartoffelmus mit Spargel und Sahnesoße. Nachmittags: Mixmilch. Spätnachmittags: ein Joghurt. Abends: Milchreis mit Butter und Traubenzucker.«

Frauke liegt wie tot auf dem Bett.

»Macht genau zweitausend Kalorien«, rechnet ihre Mutter stolz zusammen, »damit kriegen wir dich in ein paar Tagen über den Berg.«

Frauke ist, als schwanke sie, als falle sie tief. Plötzlich packt sie eine Angst, eingesperrt zu sein in ein fremdes Haus, in ein unbekanntes Gefängnis.

Das lasse ich mir nicht bieten. Nie im Leben. Ich bin kein Mastschwein. Sie wollen mich aufpäppeln wie ein Stück Vieh, machen mir künstlichen Hunger. Vati spielt mit. Er hat Traubenzucker in den Saft gekippt. Lügner, alle!

Die Mutter kocht wie geplant. Sie bringt die Mahlzeiten hoch, flößt sie ihrer Tochter ein, wartet am Bett, bis Frauke einschläft.

Nur einmal schafft es Frauke, allein ins Bad zu gehen, zu erbrechen, Abführtabletten zu nehmen. Drei Stück auf einmal.

»Erzähl mir eine Geschichte«, bittet Frau Wanter ihre Tochter am Nachmittag. »Bekrabble dich, werd ein bisschen munter, lass dich nicht hängen.«

Frauke starrt gegen die Decke, bis die hellweiße Fläche zu schwanken beginnt und auf sie kippt.

»Soll ich dir erzählen, was es morgen geben wird?«

Bevor Frauke etwas antworten kann, listet die Mutter auf: »Grünkernsuppe, Champignonreis, Rahmschnitzel, Haferflockenbrei ...«

Frauke hört nicht mehr hin, freut sich auf die Nacht, wenn ihre Mutter sie nicht kontrollieren kann. Dann hat sie genügend Zeit. Tagsüber wird sie schlafen, nachts macht sie, was sie will und braucht.

Ihr Vater kommt am Abend nicht auf ihr Zimmer, will Frauke nicht wecken. Frauke macht ein Dutzend Liegestütze, hat den Milchreis mit Traubenzucker, Butter und etwas Zimt schon lange wieder erbrochen und sich gewogen.

Vierunddreißigeinhalb Kilo!
Es geht aufwärts.
Noch ein Kilo weniger, dann hab ich es geschafft.

Die Wohnzimmertür wird zugeschlagen, jemand läuft die Treppe hinauf. »Bleib gefälligst hier«, redet Herr Wanter laut, »lass unsere Tochter in Ruhe!«

»Du kümmerst dich ja nicht um sie. Ich muss den ganzen Tag für sie sorgen, und du kommst nachts und spielst den liebenden, treu sorgenden Vater.«

»Mach dir nichts vor«, sagt Herr Wanter ruhig zu seiner Frau, »du betüttelst sie nur. Frauke mag es bestimmt nicht, wenn du den ganzen Tag an ihrem Bett sitzt und aufpasst. Da wird sie bestimmt nicht gesund.«

»Albert!«, schreit Frau Wanter empört, geht mit energischen Schritten ins Schlafzimmer, »Albert, überlege, was du sagst.« Sie schließt die Tür laut hinter sich zu.

Herr Wanter klopft mit dem Schlüsselbund gegen das Treppengeländer. »Verdammte Scheiße!«, brüllt er, dass seine Frau es oben noch hören kann. Dann geht er zögernd die Treppe hinauf, klopft an die Schlafzimmertür.

»Komm, mach bitte die Tür auf«, flüstert er leise, klopft etwas stärker. »Barbara, öffne die Tür! Bitte!« Er wartet.

Frauke horcht, presst den Kopf an die Wand.

»Ich lasse mich in meinem eigenen Hause nicht aussperren!«, droht Herr Wanter.

Der Schlüssel wird herumgedreht, Herr Wanter öffnet sofort die Tür.

»Es ist doch nur für unser Kind.« Frau Wanter heult. »Ich habe die besten Jahre für sie aufgeopfert und für dich. Ich will auch etwas davon haben.«

»Du übertreibst«, erwidert Herr Wanter, bemüht sich, leise und versöhnlich zu wirken. »Lass uns schlafen, morgen sieht alles anders aus.«

»Ich pflege sie, bis sie gesund ist, Albert.«

»Barbara«, redet Herr Wanter auf seine Frau ein, »du richtest dich und sie zugrunde.«

Dieses Wimmern! Sie spielt nur. Sie will, dass er wieder nachgibt.

Warum können sie nicht ins Bett gehen wie andere Leute!
Warum müssen sie sich Gedanken über mich machen!
Die sollen mich lassen.

Eine Zeit lang stellt sich Frauke in die Mitte ihres Zimmers, schaut ins grelle Licht der Zimmerlampe. Sie hält ihre Arme schützend über ihren Kopf, als müsse sie sich vor jemandem schützen, der sie schlagen will. Dann legt sie sich ins Bett, kuschelt sich in die Wolldecke, will tief schlafen, nicht nachdenken müssen.

Sie träumt halb wach vor sich hin, fährt über eine breite Autobahn. Die Bäume werden an ihr vorbeibewegt und verbeugen sich vor ihr. Am Steuer des Wagens sitzt ein Unbekannter mit einer Maske aus schwarzem Holz. Der Wagen saust geräuschlos über die Straße, fährt durch Städte, in denen niemand lebt. Der Unbekannte steuert den Wagen sehr sicher, pfeift unter der Maske ein Lied.

Frauke spürt die feuchte Hand ihrer Mutter an der Stirn, spürt, wie sie die dicke Wolldecke geradezieht, feststeckt. »Frauke«, sagt sie, »Frauke, tu uns das nicht an! Mach uns nicht unglücklich!« Sie streicht Frauke übers Haar, hält ihre Hand. Frauke hält die Luft an.

»Ich tu mir was an«, flüstert Frau Wanter, »ich halte das nicht mehr aus.«

Frau Wanter hat das Zimmer kaum verlassen, da richtet Frauke sich auf, schaukelt mit dem Kopf vor und zurück. Sie singt ein Kinderlied und schlägt dabei ihre Fäuste gegeneinander.

Ihr Vater bringt am Morgen den Traubenzuckerfruchtsaft. Frauke zögert zu trinken, beachtet ihren Vater nicht, leert das Glas mit einem Zug, stößt auf, dreht sich um, erwidert den Gruß ihres Vaters nicht.

Sie isst den Haferflockenbrei zum Frühstück, das Brötchen mit Bienenhonig, löffelt ohne Widerrede zum zweiten Frühstück die Hühnerbrühe aus, verspeist dazu noch ein Sardellenbrot. Mittags löffelt sie artig Grünkernsuppe, dann den Rest – ohne eine Pause zu machen.

Ich muss raus. Nicht einen Tag bleibe ich länger in der Wohnung. Ein paar Tage lang spiele ich mit, dann bin ich wieder frei.

›Ich tu mir was an‹, hört sie immer wieder die Stimme ihrer Mutter, stellt sich dabei deren Gesicht vor. Es ist ihr, als werde von allen Seiten auf sie eingeschlagen, und sie wünscht sich nichts so sehr, als nur wegzulaufen, allein zu sein. Egal wie.

Soll sie sich umbringen. Entweder sie oder ich. Soll sie sich doch umbringen.

Frauke erschrickt bei dem Gedanken, blickt ihre Mutter ängstlich an, sieht in ihrem besorgten Gesicht tausend Geschichten von früher. Wie gut hat ihre Mutter immer für sie gesorgt. Wie oft hat sie sich für sie aufgeopfert. Die darf sich nicht umbringen, geht es Frauke durch den Kopf.

Sie verspricht ihrer Mutter, zu Abend einen großen Pfannkuchen zu essen, bittet sie, Mohrenköpfe und Weingummis kaufen zu dürfen.

»Meinetwegen, auch wenn's dir nicht bekommt«, gibt die Mutter schließlich nach. Frauke rennt hinaus zum Kiosk, kauft ein, verspeist die Mohrenköpfe noch auf dem Rückweg. Ihr Magen rebelliert, sie muss aufstoßen, ihren Bauch massieren. Wieder zu Hause, stopft sie die Weingummis in sich hinein, läuft im Zimmer auf und ab, will erbrechen, steht schon vor der Badezimmertür, hält sich an der Klinke fest.

Frauke! Tu mir das nicht an!

Sie lässt die Türklinke los, setzt sich an ihren Schreibtisch, schlägt das Biologiebuch auf, lernt, bis die Buchstaben vor ihren Augen verschwimmen.

»Übermorgen gehe ich wieder zur Schule«, sagt Frauke ihrem Vater stolz beim Abendessen, spuckt einen Kirschstein auf den Dessertteller.

»Erst gehst du zu Dr. Mönkmaier. Der soll dich gesundschreiben«, sagt Frau Wanter sofort.

»Unsinn, Barbara, es geht ihr doch besser. Sie hat heute prima gegessen. Sie sieht richtig erholt aus.« Herr Wanter streicht über Fraukes Wangen, tätschelt sie.

»Morgen werde ich ›Ente, süß gefüllt‹, kochen. Einverstanden?« Frauke blickt ihren Vater freundlich an und lächelt.

»Wenn du unbedingt willst«, gibt er nach, holt das Portmonee hervor. »Kauf ein, was du dazu brauchst.«

Frauke spürt schon jetzt, als sie die Zutaten zusammenzählt, den Geschmack von Orangen auf der Zunge.

»Mir ist schlecht«, flüstert Frau Wanter mit rauer Stimme, »ich bin krank.«

»Auch das noch!« Herr Wanter schüttelt ungläubig den Kopf. »Wenn es kommt, dann aber auch knüppeldick.«

»Ich lege mich hin.« Frau Wanter verschwindet, den Rücken gebeugt, den Kopf gesenkt. Bevor sie die Treppe hochgeht, dreht sie sich zu ihrem Mann und ihrer Tochter um. »Kümmert euch nicht um mich. Morgen ist alles wieder in Ordnung.«

»Bist du krank?«, fragt Frauke, kaum dass sie am nächsten Morgen aufgestanden ist.

Ihre Mutter stöhnt leise. Die Rollläden des Schlafzimmerfensters sind ganz heruntergelassen. Kein Lichtstrahl dringt ins Zimmer, kein Geräusch.

»Ich koche die Ente trotzdem«, sagt Frauke.

Sie macht sich gleich daran, im Küchenschrank nachzusehen, welche Zutaten vorhanden sind, marschiert dann in die Stadt. Auf dem Weg zum Feinkostgeschäft kauft sie am Kiosk eine Packung Mohrenköpfe, verschlingt einige, kauft ein Himbeer/Heidelbeer-Eis, schleckt es gierig auf.

Wieder zu Hause, nimmt Frauke die Ente aus, legt Magen, Leber und Herz zur Seite, lässt Wasser in den Körper laufen, das hellrot wieder herauskommt.

63

»Frauke!«, ruft ihre Mutter mehrmals, ihre Stimme klingt klagend, beinahe schrill.

»Bring mir ein Glas Wasser!

Öffne die Rollläden ein kleines Stück!

Hol ein kaltes Tuch!« Frau Wanter gibt kurze Anweisungen, als strenge sie jedes Wort an. »Bleib bei mir sitzen«, befiehlt sie ihrer Tochter, hält deren Hand, presst sie an sich.

Ich will ihren Herzschlag nicht spüren.

Sie ist nicht krank.

Sie ist krank, damit ich nicht krank bin.

»Du bist ungerecht«, hört Frauke sich selbst reden. »Du darfst ihr das nicht übel nehmen.«

Doch! Sie spielt nur.

Sie spielt mit mir.

»Ich muss die Ente fertig machen«, sagt Frauke, entzieht sich, schließt die Schlafzimmertür leise hinter sich zu, atmet auf.

»Schade, dass Mutti krank ist und nichts davon essen kann«, sagt Herr Wanter später beim Essen.

Frauke schweigt. Sie hat sich so gefreut, das Kochen hat ihr großen Spaß gemacht. Jetzt stochert sie auf dem Teller rum, gabelt die Fleischstückchen auf, zerkaut sie, bis sie keinen Geschmack mehr haben, schluckt sie hinunter.

»Sei nicht traurig, Frauke«, tröstet ihr Vater sie, bietet ihr ein Glas Wein an.

64

»Danke.« Frauke stellt das Glas zur Seite. »Es geht schon, Vati.«

Nachts steht sie auf, stellt sich unter die Dusche, schlägt mit dem Kopf gegen die Fliesen.

Immer wieder.

Endlich spürt sie Schmerzen.

Nichts ist mehr um sie herum.

In der Schule setzt Frauke sich an ihren gewohnten Platz.

»Alles klar?«, fragt Sabine, ihre Nachbarin, packt ihre Schultasche aus, spielt mit einem Rechner, bis der nur noch ›E‹ anzeigt. »Übergelaufen!«, erklärt sie Frauke, hält ihr das Gerät vors Gesicht.

»Lass mich!«, wehrt Frauke ab. Sie sitzt gespannt auf ihrem Stuhl. Die Deutschlehrerin betritt den Klassenraum, klopft einige Male kräftig auf das Pult, wartet, bis die Schüler still sind, begrüßt sie. Einige melden gleich, dass sie die Hausaufgaben vergessen haben oder nicht erledigen konnten.

Die Lehrerin notiert ihre Namen, fährt fort mit dem Stoff der letzten Stunde, übt, wie man ein Protokoll einer Diskussion anfertigt. Frauke kommt es vor, als habe sie das schon tausendmal gehört.

Es geschieht nichts in der Schule.
Wenn man ein paar Tage fehlt, merken die anderen nichts, und man selbst merkt auch nichts.
Die Zeit steht still.

Ohne etwas zu sagen, verlässt Frauke den Klassenraum, geht zur Toilette, sitzt einige Minuten später wieder neben

Sabine, als wäre nichts gewesen. Sie beteiligt sich lebhaft am Unterricht, schreibt mit.

Im Umkleideraum der Sporthalle riecht es bitter nach Schweiß. Frauke atmet nur durch den Mund, zieht eilig ihr Trikot über, schnürt die Turnschuhe zu.

»Zwei Runden zum Auflockern!«, ruft die Sportlehrerin draußen.

»Was bist du mager!«, spricht Sabine Frauke an.

Frauke rennt los, läuft vorn im Pulk mit. Sie versucht, den Laufrhythmus durch Armbewegungen zu unterstützen. Nach dreihundert Metern werden ihr die Beine schwer, die Seiten schmerzen.

Weitermachen.
Nicht nachgeben.
Nicht aufhören.

Speichel sammelt sich in ihrem Mund. Frauke spuckt aus, wischt die Lippen ab. Die Nasenhöhlen schmerzen vom heftigen Einatmen. Sie läuft weiter, die zweite Runde ist beinahe zur Hälfte um. Ihre Beine bewegen sich wie eine Maschine, die man nicht mehr anhalten kann, ihre Füße rollen gleichmäßig ab, spüren die Steine auf der Laufbahn nicht mehr.

»Beeilt euch ein bisschen«, ruft die Sportlehrerin laut, als die Schülerinnen an ihr
vorbeilaufen. »Endspurt!«
Ziel.
Schluss.
Frauke könnte auslaufen, sich ans Geländer lehnen, wie die anderen verschnau-
fen. Sie will weiter, kann nicht mehr aufhören. Ihr Brustkorb zieht sich zusammen, schmerzt, im Kopf setzt ein dröh-
nendes Pochen ein. Schule und Sportplatz
verschwimmen vor ihren Augen, sie sieht
nur noch die rote Aschenbahn vor sich,
die weißen Bahnabgrenzungen. Kurz
vorm Zieleinlauf der dritten Runde stößt
sie mit dem linken Schuh gegen die In-
nenkante, schlägt hin, kommt mit den
Händen zuerst auf, dann mit den Knien.
Schreit.
Schreit.
Dann wird es warm um sie herum.
Dunkel.
»Geht es besser, mein Liebling?« Frau
Wanter legt ein kaltes Tuch auf Fraukes
Stirn, schlägt leicht auf ihre Wangen.
»Bleib wach, Frauke!«
Frauke öffnet zaghaft die Augen, blickt
sich unsicher um. »Was ist passiert?«,
fragt sie verstört, »wo bin ich?«

67

»Bist wieder umgekippt«, antwortet ihre Mutter, »du machst uns Sorgen, Kind.«
Frauke dreht sich benommen zu ihr um, da hält Frau Wanter ihr einen Becher hin.
»Honigtee«, erklärt sie, »damit du wieder zu Kräften kommst.«
Frauke sieht sie genau an, erschrickt, zittert am ganzen Körper. »Bin ich zu Hause?«, fragt sie und hat sofort Angst vor der Antwort. Ihre Mutter lächelt sanft.
Bald darauf kommt Dr. Mönkmaier, untersucht Frauke und spricht mit ihrer Mutter.
»Ich will in ein Krankenhaus«, bettelt Frauke ihn an, »ich bin krank.«
»Hier geht es dir viel besser!«, sagt Frau Wanter. »Du bekommst, was du willst. Das kann dir kein Krankenhaus bieten.«
Dr. Mönkmaier nimmt Frau Wanter mit ins Nebenzimmer. »Die verdammten Städtischen Kliniken«, hört Frauke ihre Mutter schimpfen, »die bringen doch nichts. Dort haben sie nichts gefunden.«
Mönkmaier redet auf Frau Wanter ein, erkundigt sich noch einmal kurz, wie alles gekommen sei, warum Frauke diese Symptome zeige.

»Ich kann mir nicht erklären, warum sie diese Krankheit hat«, sagt Frau Wanter sicher. Zuerst wollte sie Mönkmaier antworten, sie wisse nicht, warum Frauke ihr das antue.

»Am besten wird sein, wenn sie in einer Klinik untersucht wird«, sagt Dr. Mönkmaier deutlich vernehmbar. »Ich werde nach einer Spezialklinik suchen, damit der Sache mal auf den Grund gegangen wird.«

Kapitel

Frau Wanter hält Frauke am Ärmel fest. »Willst du wirklich?«, fragt sie und schaut ihr dabei in die Augen.

»Ich bin krank«, antwortet Frauke nur, öffnet die Wagentür, klappt den Vordersitz nach vorn.

»Albert, sag du doch was!«

»Wir fahren jetzt, Barbara. Es ist entschieden. Und Dr. Mönkmaier hat ...«

»Ach, Dr. Mönkmaier, der dramatisiert alles!«

Frauke setzt sich auf den Rücksitz, schiebt ihre Reisetasche zur Seite.

»Bitte!« Herr Wanter klopft ungeduldig aufs Lenkrad.

Frau Wanter steht unschlüssig neben dem Wagen, beugt sich herunter. »Wirklich, Frauke? Meinst du nicht, wir könnten zu Hause ...«

»Barbara, bitte!« Herr Wanters Stimme wird scharf und laut, er zeigt auf den Beifahrersitz.

»Unsinn!«, protestiert Frau Wanter, setzt sich neben ihren Mann, schnallt sich an, lässt den Kopf in den Nacken fallen. Herr Wanter fährt an, biegt in die Hauptverkehrsstraße ein.

»Du fährst siebzig, Albert.« Frau Wanter spricht leise und enttäuscht. Herr Wanter nimmt Gas weg, wischt mit dem Taschentuch die Ablage ab, polierte den Gangschaltungshebel.

»Ich schwitze wie verrückt«, entschuldigt er sich, stopft das Taschentuch in den Aschenbecher.

»Du bringst uns noch ins Grab.« Frau Wanter stöhnt, presst die Hände gegen die Schläfen.

»Barbara, lass es sein.«

»Ich meine dich doch gar nicht«, erwidert Frau Wanter.

Sie fahren über eine breite Landstraße aus der Stadt, biegen in einen Nebenweg ein, der sich durch ein enges Tal schlängelt. Kurz vor dem Talende finden sie das erste Hinweisschild: ›Hochtal-Klinik‹. Herr Wanter parkt den Wagen direkt vorm Eingang eines großen Hochhauses.

»Willst du wirklich?«, fragt Frau Wanter eindringlich ihre Tochter. »Noch können wir umkehren.«

Herr Wanter steigt aus, Frauke folgt ihm.

»Wir möchten zu Herrn Dr. Scholtner«, spricht Herr Wanter einen Herrn in dunkelbrauner Uniform am Eingang an.

»Zimmer 194, erster Stock.«

Frauke geht voran, tritt sicher auf. Ihre Eltern folgen ihr, Frau Wanter ein Stück hinter Herrn Wanter.

»Donnerwetter«, staunt Herr Wanter, »das ist ein feudales Krankenhaus. Sieh dir die Ölbilder mal an.«

»Besser als bei uns zu Hause ist es auch nicht«, antwortet Frau Wanter.

72

»Was führt Sie zu uns?«, fragt Dr. Scholtner, gibt den Wanters die Hand, bietet ihnen einen Platz an, setzt sich leger in einen Sessel.

»Es geht um unsere Tochter. Herr Dr. Mönkmaier hat bereits mit Ihnen telefoniert und Sie unterrichtet.« Während Herr Wanter das sagt, reibt er die Hände verlegen, als spreche er über eine peinliche Angelegenheit, holt einen braunen Umschlag aus seinem Aktenkoffer und überreicht ihn Herrn Dr. Scholtner. Frau Wanter sitzt auf der Sesselkante, die Arme verschränkt, Schweißtropfen auf der Stirn. Sie atmet schwer, hustet, bittet um ein Glas Wasser.

»Sie möchten in unserer Klinik behandelt werden?«, fragt Dr. Scholtner, blickt über seine Lesebrille.

Frauke nickt. »Genau«, antwortet sie dann, um das Schweigen zu brechen.

»Sie wissen, um welche Art Krankenhaus es sich bei der ›Hochtal-Klinik‹ handelt?«

»Ja«, sagt Herr Wanter schnell, bevor jemand anderes antworten kann, »Herr Dr. Mönkmaier hat uns über alles informiert.« Scholtner schüttelt den Kopf, beugt sich zu Frauke herüber.

»Wissen Sie, welche Art von Klinik wir hier sind?«

»Was soll schon sein? Ist ’n Krankenhaus!«

»Die ›Hochtal-Klinik‹ ist eine Fachklinik für psychosomatische Krankheiten, also für Störungen, die Auswirkungen oder Ursachen auf beziehungsweise in der seelischen Verfassung haben.«

»Eine Klapsmühle also.« Frauke sagt das ohne eine Spur von Abwertung. »Soll mir auch recht sein«, fügt sie hinzu.

»Frauke!«, ruft ihre Mutter sie zur Ordnung, »du kannst doch nicht ...«

Scholtner hustet, hebt den Arm etwas hoch. »Frauke, Sie wissen, dass wir nur Patienten aufnehmen, die völlig freiwillig zu uns kommen. Wer unter Zwang hierher kommt, dem können wir nicht helfen.«

»In Ordnung. Ist richtig so.«

Noch einmal Glück gehabt.
Wenn es mir nicht mehr passt, kann ich wieder gehen.
Auf jeden Fall ist es besser als zu Hause.
Hier habe ich meine Ruhe.

»Ich möchte gern in der Klinik bleiben«, sagt Frauke, blickt ihre Eltern an, streckt die Arme vor.

»Ganz so einfach geht es auch wieder nicht«, wendet Dr. Scholtner ein, bittet Frauke und ihre Eltern zu einem Aufnahmegespräch, das von einem Stationsarzt und einer Psychologin geführt werden soll. Er telefoniert kurz mit einem Mitarbeiter und gibt einen Termin durch. »In einer halben Stunde werden sich Frau Gorniak und Herr Dr. Weisser mit Ihnen unterhalten. Sie erwarten Sie in Raum 304. Von ihnen hängt es ab, ob wir einer Aufnahme Fraukes in die ›Hochtal-Klinik‹ zustimmen können.«

74   »Da wäre noch die Kosten-Regelung.« Herr Wanter räuspert sich, blättert in Unterlagen. Dr. Scholtner winkt ab. »Das regeln wir später«, sagt er.

Fast eine Stunde müssen Herr und Frau Wanter und Frauke vor Frau Gorniaks Zimmer warten. Frau Wanter hockt zusammengesunken auf einem Stuhl am Fenster, Herr Wanter spaziert auf dem Flur auf und ab. Frauke lehnt sich gelassen gegen die Wand, betrachtet ein Ölbild.

Grelle Farbflächen greifen ineinander, verbinden sich, werden durch tiefe Spuren wieder voneinander getrennt. Frauke sieht eine verlassene Landschaft in dem Bild. Eine Landschaft, die in Gesichter übergeht. Versteckte Gesichter, voller Trauer und Zorn.

Nur weg von ihnen.
Nur nicht wieder zu Hause im Bett liegen und Mutti neben mir.
In einer Klapsmühle kann ich machen, was ich will.
Ich will sie nicht mehr sehen.
Ich will, was ich will.

Frau Gorniak macht einen höflichen und zuvorkommenden Eindruck, bittet die drei herein, stellt ihnen Dr. Weisser vor, fragt, wie die Fahrt verlaufen sei, warum Frauke in die Klinik wolle.

Ihre Mutter will auf die Frage antworten, da zeigt Frau Gorniak streng auf Frauke und wartet.

»Ich bin zusammengeklappt«, sagt Frauke, fügt beinahe erleichtert hinzu: »Ich bin krank, und zu Hause haut es nicht mehr hin.«

»Du stellst dich nur an«, widerspricht ihre Mutter, »du willst uns nur wehtun.«

»Darauf kommt es doch nicht an«, versucht Herr Wanter seine Frau zu besänftigen, rückt ein Stück näher an sie heran. Dr. Weisser und Frau Gorniak stellen Fragen über Fragen, notieren Antworten, verhalten sich scheinbar unbeteiligt, als ginge sie das alles nichts an.

Ob Frauke ein Wunschkind gewesen sei, wollen sie wissen.

»Muss Frauke dabei sein, wenn wir das besprechen?«, fragt Frau Wanter verschüchtert.

»Haben Sie etwas voreinander zu verbergen?«, erwidert Dr. Weisser und sieht gelangweilt aus dem Fenster.

»Frauke war ein Wunschkind«, sagt Herr Wanter.

»Warum haben Sie nur ein Kind?«, setzt Gorniak nach.

»Wir konnten nicht mehr bekommen«, antwortet Frau Wanter, verzieht das Gesicht dabei.

**Gleich heult sie und erzählt alte Geschichten.
Wie es damals war, wie schwer es gewesen ist.
Ich habe es tausend Mal gehört.**

Sie hat sich für Vati und mich aufgeopfert, wäre am liebsten Ärztin geworden. Aber dann bekam Vati die Stelle, und ich kam. Da hat sie sich entschieden, dass Vati sich auf die Firma konzentrieren und ich eine gute Erziehung bekommen sollte.

Gorniak fragt nach dem Geburtsverlauf, nach der frühkindlichen Entwicklung.

Es sei alles sehr normal verlaufen, berichtet Fraukes Mutter, sie habe nie Schwierigkeiten gehabt. Frauke sei geradezu ein pflegeleichtes Kind gewesen. Schon mit knapp einem Jahr sauber, mit eineinhalb Jahren schon gesprochen. Aber immer artig, fleißig und folgsam.

Herr Wanter schwächt einige Aussagen seiner Frau etwas ab, berichtet von den Problemen bei der Einschulung Fraukes. Frauke habe die ersten Wochen jeden Morgen in der Schule geweint, habe sich an ihre Lehrerin gar nicht gewöhnen können. Eine Zeit lang sei seine Frau mit zur Schule gegangen und habe hinten in der Klasse gesessen. Das sei nicht normal gewesen, das sehe er ein, aber es habe sich auch gebessert.

»Ist es denn wirklich notwendig, dass Frauke in der Klinik behandelt werden muss?«, fragt Frau Wanter plötzlich.

»Wenn es ihr hilft!«, antwortet Herr Wanter schnell.

Frau Wanter springt auf. »Du würdest ihr jeden Wunsch erfüllen, Albert. Du machst es dir einfach. Du kommst abends nach Hause und spielst den großzügigen Vater, erlaubst deiner Tochter alles. Du hast deine Ruhe, und ich muss Frauke erziehen.«

Gorniak notiert etwas auf einem Zettel, schiebt ihn unauffällig Dr. Weisser zu.

»Warum sind Sie eigentlich zu uns gekommen?«, fragt sie und schaut einen nach dem anderen an.

»Weil Frauke zusammengeklappt ist.«

»Das ist ihr Problem?«, fragt Gorniak nach.

77

»Sicher doch«, antwortet Frau Wanter.

»Warum ist sie zusammengeklappt?«

Schweigen.

Herr und Frau Wanter blicken sich an, schauen dann auf den Boden.

»Sie glauben, ich esse zu wenig«, sagt Frauke.

»Ja, das wird es wohl sein«, spricht Herr Wanter bedächtig aus.

»Was denkst du darüber, Frauke?«, fragt Dr. Weisser.

»Kann ich hier bleiben?«

»Du willst also in die Klinik?« Dr. Weisser schiebt mit dem Daumennagel die Fingernagelhaut zurück.

Frauke blickt ihre Eltern verstohlen an, betrachtet das verheulte Gesicht ihrer Mutter, das strenge, unsichere Gesicht ihres Vaters.

Frauke nickt.

Dr. Weisser wendet sich an die Eltern: »Sind Sie bereit, bei der Therapie mitzuarbeiten?«

»Wir?«, fragt Frau Wanter erstaunt, »was haben wir damit zu tun?«

»Meinen Sie nicht, dass Fraukes Krankheit und Ihre Familienprobleme miteinander zusammenhängen?«

Frau Wanter winkt ab, schüttelt heftig den Kopf. »Da also läuft der Hase. Jetzt sind es die Eltern wieder. Immer die Eltern.«

Gorniak bleibt sachlich, unterdrückt ihren Wunsch, Frau Wanter ihre Meinung zu sagen. »Nach der Eingangsphase der ersten Wochen sollen die Eltern einmal wöchentlich zu einem Therapiegespräch zur Klinik kommen. Wir werden gemeinsam die anstehenden Fragen besprechen und nach Lösungen suchen.«

»Familientherapie?«, fragt Herr Wanter nach.

»So kann man es nennen«, antwortet Gorniak.

Sie werden einmal in der Woche aufkreuzen und mich kontrollieren.

Sie werden mit Gorniak und Dr. Weisser absprechen, wie sie mich kleinkriegen.
Das ist eine Falle.
Ich will das nicht.

Frauke hört Dr. Weisser und Gorniak reden, versteht nicht, was sie sagen. Sie sieht ihre Eltern und die beiden immer näher aneinander rücken, ihre Stimmen werden einander ähnlicher, vermischen sich. Frauke möchte dazwischenrufen, die Eltern auseinander reißen. Sie möchte von den Sonntagnachmittagen berichten, von den Familienstreitereien. Das, was ihre Eltern jetzt erzählen, stimmt mit keinem Wort. Sie sind nicht die tolle Familie, die sonntags immer etwas unternimmt, die sich gut verträgt. Sie sind nicht die liebenswerten Eltern, die sich sorgenvoll um ihre Tochter kümmern. Sie lügen, wenn sie jetzt lächeln und sich einverstanden erklären, die Familientherapie mitmachen zu wollen.

»Ich verstehe schon«, sagt Herr Wanter, »Frauke muss eine neue Beziehung zu uns finden. Da ist es vielleicht wichtig, wenn wir zur Klinik kommen und das bereden.«

Frauke fällt ein Satz ein, der will nicht mehr aus ihrem Kopf:

Ich will mich.

»Ohne eine gemeinsame Anstrengung aller wird eine Verbesserung der Situation nie eintreten«, erläutert Gorniak. »Wenn Sie ein zufrieden stellendes Verhältnis zueinander bekommen wollen und wenn Frauke sich stabilisieren soll, dann müssen wir gemeinsam arbeiten. Zusammen.«

Herr und Frau Wanter stimmen zu.

»Mir ist schlecht«, sagt Frauke, hält sich die Hand vor den Mund, stößt auf. Sie öffnet den Mund etwas, spuckt das Erbrochene aus, tritt ein Stück zurück, betrachtet es angeekelt. »Mir ist schlecht«, flüstert sie ängstlich, bekommt keine Luft mehr, röchelt.

Frau Wanter läuft zur Zimmertür. »Ich halte es nicht mehr aus«, ruft sie, verabschiedet sich eilig von Dr. Weisser und Frau Gorniak, dann bricht sie in Tränen aus, setzt sich auf einen Hocker, lässt ihre Arme sinken.

»Es ist besser, wenn Sie sich für eine gewisse Zeit nicht sehen und sich erholen.«

»Danke, Herr Dr. Weisser«, sagt Herr Wanter, »das wird das Beste sein.« Er geht zu Frauke, streckt ihr die Hand entgegen. »Es wird alles gut, Frauke. Ruh dich erst einmal aus. Streng dich an.«

Frauke bleibt regungslos stehen, die Hände in den Rocktaschen.

»Wir besuchen dich übermorgen«, versucht er sie anzusprechen, eine Reaktion zu entlocken.

»Nein!«, widerspricht Frau Gorniak, »in den ersten Wochen sollte Frauke keinen Kontakt zu Ihnen haben. Sie benötigen Ruhe und Besinnung, Frauke muss sich erst einmal finden.«

»Nie im Leben«, sagt Frau Wanter, »sie ist meine Tochter, ich kann zu ihr, wann ich will!«

Herr Wanter stellt sich vor seine Frau, geht in die Hocke, fasst sie an den Schultern.

»Barbara, sie meinen es doch gut mit ihr. Es ist bestimmt besser so.«

»Kann ich gehen?« Frauke nimmt ihre Reisetasche, schleppt sie zur Tür. »Auf Wiedersehen«, sagt sie kurz, verlässt das Zimmer. Draußen auf dem Flur möchte sie einen Luftsprung machen.

»Wir werden es schaffen«, ist Frau Gorniak optimistisch, begleitet die Eltern hinaus. Sie sehen sich nach Frauke um. Frauke geht Schritt für Schritt in die andere Richtung. Sie würde am liebsten weglaufen. Irgendwohin.

Jetzt ist alles vorbei.
Ich bin in einem Gefängnis gelandet.

Der Flur wird immer enger und schmaler. Gorniak läuft hinter ihr her, berührt sie. »Lass es uns versuchen«, bittet sie, hakt sich bei ihr unter, bringt sie zur Station.

»Du darfst dir eines der Betten aussuchen, es ist sonst niemand im Zimmer«, sagt Frau Gorniak zu Frauke, öffnet das Fenster, zeigt ihr einen Einbaukleiderschrank und die Duschzelle.

Ein schreckliches Zimmer.
Klotzige Bilder an der Wand.
Die Türen glänzen wie Speckseiten.

»Um halb sieben gibt es Abendessen, unten im Speisesaal. Wenn du möchtest, kannst du ...«

»Ich gehe schon, machen Sie sich keine Sorgen«, erwidert Frauke.

»Fühlst du dich einigermaßen wohl, Frauke?«

»Nein«, antwortet Frauke und lächelt.

»Morgen früh werden wir miteinander reden. Dann sehen wir weiter.«

Frauke wirft sich auf das Bett am Fenster. Es ist vollkommen ruhig im Zimmer. Frauke genießt die Stille und das dämmrige Licht, fühlt ihren Puls, hält die Augen zu, massiert sie. Sie ist zufrieden mit sich, freut sich darüber, dass sie keinen Hunger hat. Das langsam einsetzende Brennen, das Zusammenziehen des Magens, die schwachen Krämpfe zeigen ihr: Ich habe keinen Hunger.

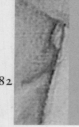

Sie träumt, sie sei in einem großen hellen Raum, in den von oben die Sonne scheint, an dessen Wänden sich Pflanzen hochranken und miteinander verbinden. Die Pflanzen wuchern immer stärker, füllen das ganze Zimmer aus, verdunkeln es. Wie Schlangen bewegen sich die Ranken, klammern sich an ihr fest, erdrücken sie.

»Essen!«, ruft jemand von draußen.

Frauke springt aus dem Bett, reißt die Augen weit auf, schaut sich um, orientiert sich, sieht aus dem Fenster.

»Abendessen!«, ruft die Frauenstimme.

Frauke öffnet die Tür, tritt gleich einen Schritt zurück. Vor ihr steht eine lange hagere Frau, hält ihr die Hand hin.

»Gisela Gorniak hat mich gebeten, dich zum Speisesaal zu bringen. Ich bin Helga Kloff.«

»Gehen wir«, sagt Frauke schüchtern, drängt sich an der Frau vorbei. Helga Kloff folgt ihr langsam, bleibt immer einige Schritte zurück. An der Stationstür muss Frauke warten, dreht sich um.

Helga Kloff setzt akkurat Schritt vor Schritt, wie ein Roboter, schaut sich jedes Mal um. Ihre Arme bewegen sich in abgehackten Bewegungen hin und her, sie schaut geradeaus. »Die Treppe hinunter ins Erdgeschoss«, weist sie Frauke an, versucht sich bei ihr unterzuhaken.

Frauke weicht aus, hält sich am Treppengeländer fest, nimmt mehrere Stufen auf einmal, beobachtet, wie Helga Kloff jede Stufe ängstlich einzeln nimmt, sich nicht traut, auf den Boden zu sehen.

Im Speisesaal sitzen die Patienten an Sechsertischen zusammen, reden miteinander, einige bringen die Tabletts von der Büfetttheke.

Die meisten der Patienten sind Männer und Frauen um die vierzig Jahre, viele dick und blass.

»Komm, ich zeig dir, wo man Essen holt.«

83

Helga Kloff versucht Frauke wieder an die Hand zu nehmen, Frauke schüttelt sie verärgert ab, folgt ihr zur Büfetttheke. Helga bückt sich, liest kleine weiße Zettel, die auf
Tabletts liegen, holt eins hervor, eilt ans Ende der Theke,
holt noch ein Tablett.

»Hier, das ist deins. Frauke Wanter.«

»Woher weißt du meinen Namen?«

»Von Frau Gorniak. Außerdem stehst du schon auf dem
Stationsplan.« Sie legt einen Finger bedeutungsvoll auf ihre
Lippen, blickt sich ängstlich um und flüstert: »Hier weiß
jeder alles. Geheimnisse gibt es nicht.«

Helga Kloff beginnt, kaum dass sie am Tisch sitzt, sofort
zu essen. Frauke liest den kleinen weißen Zettel, der auf
ihrem Tablett liegt:

›Zwei Tassen Tee/Traubenzucker (10 g); 50 g Weißbrot;
5 g Butter; 50 g Bierschinken; eine halbe Scheibe Pumper-
nickel; Roquefort; 25 g Brie, Radieschen; insgesamt: 741
kcal.

Sollten Sie besondere Wünsche haben, wenden Sie sich
bitte an das Küchenpersonal.‹

»Das ist Essen mit Gebrauchsanweisung«, sagt Helga Kloff
und grinst.

»Haben die hier Mohrenköpfe?«

»Hier bekommt man alles«, antwortet Helga Kloff und
zeigt auf die Essenausgabe.

Eine Küchenhilfe bringt Frauke drei Mohrenköpfe,
wünscht Frauke Guten Appetit. Helga Kloff kichert.

»So eine bist du also«, sagt sie zu sich selbst und lacht,
fragt dann ängstlich: »*Anorexia?*«

Frauke hört nicht hin, starrt nur darauf, wie Helga Kloff roboterhaft isst, Salat in sich hineinstopft, mechanisch kaut. *»Anorexia?«*

»Was ist 'n das?«, fragt Frauke. Als sie Kloffs misstrauisches Gesicht sieht, versucht sie sich schnell herauszureden und stottert:

»Klar. *Anorexia* oder wie das heißt.«

»Magst du meinen Schinken?«

»Danke«, wehrt Frauke heftig ab, »habe genug mit meinen Sachen zu tun.«

»Verstehe«, flüstert Kloff und erzählt, sie sei bereits vier Monate in der Klinik. Verwandte hätten sie zwangsweise hier untergebracht. Ihr Mann sei hinter ihrem Geld und dem Haus her, das sie geerbt habe.

Frauke tunkt Weißbrot in den Tee, saugt es aus, formt das Brot zu einer kleinen Kugel, wirft es in den Aschenbecher.

»Magst du keine Mohrenköpfe?«

»Nein.«

»Warum hast du sie dann bestellt, Frauke? Was man hier bestellt, muss man auch essen. Sie kontrollieren alles.«

»Quatsch.«

»Doch«, beteuert Helga Kloff, »iss das Zeug, sonst bekommst du Ärger.«

Verstohlen würgt Frauke die Mohrenköpfe hinunter, versucht den süßlichen Geschmack mit Tee fortzuspülen. Helga Kloff berichtet währenddessen über das Leben in der Klinik, flüstert ihr zu, die Ärzte steckten alle unter einer

Decke mit den Verwandten und würden die Leute mit Medikamenten halb tot stellen. »Ich bin doch ein Roboter«, sagt sie, »das sieht doch jeder.«

»Ach was«, wiegelt Frauke ab, »wirklich nicht.«

»Du wirst es noch merken«, sagt Kloff trotzig, steht abrupt auf und läuft aus dem Speisesaal.

»Mach dir nichts draus, so ist die Helga eben«, erklärt ein Mann, der vom Nebentisch zu Frauke herüberkommt. »Helga hat 'ne Krise. Nächste Woche ist sie wieder auf dem Damm, dann ist sie wie ausgewechselt.«

»Glaub ich auch«, stimmt Frauke schnell zu.

»Bist du neu hier?«

»Seit heute Nachmittag.«

»Bei Gorniak und Dr. Weisser?«

Frauke schaut den Mann erstaunt an, lehnt sich etwas zurück.

»Herzlichen Glückwunsch«, ruft der Mann, ohne auf Fraukes Antwort zu warten, geht zu seinem Tisch zurück, erzählt etwas. Seine Tischnachbarn lachen laut auf.

Frauke zittert.

»Ich bin Jürgen Brenner, mache die Nachtwache hier«, stellt sich ein junger Mann vor, »wenn etwas sein sollte, kannst du zum Team-Zimmer kommen, am Ende der Station.«

Frauke rührt sich nicht, als der junge Mann sie anspricht, starrt an die Wand.

»Möchtest du fernsehen?«, fragt Brenner.

»Danke. Ich bin müde.«

»Gute Nacht.« Jürgen Brenner zieht die Tür leise hinter sich zu, öffnet sie dann noch einmal kurz, ruft durch den Türspalt: »Ist alles in Ordnung?«

»Sicher«, antwortet Frauke, »mir geht's gut.«

Dann hat Frauke Ruhe und ist allein.

Das Zimmer mit den dunkelgrünen Wänden erscheint ihr in der Dämmerung wie ein Grab, eng und kalt – und für immer verschlossen.

Sie träumt.

Ihre Eltern sind mit ihr eingesperrt. Ihre Mutter redet immerzu auf sie ein, weint, schüttelt sich, zieht sie an den Haaren. Der Vater sieht nicht hin, beachtet die beiden gar nicht. Gorniak und Weisser beobachten alles durch ein kleines Fenster und schreiben etwas auf.

Ihre Mutter reißt ihr die Haare aus, zerreibt sie zwischen den Fingern, streut die Krümel zu einem Muster auf die Erde, tritt dann darauf.

Der Traum will nicht aufhören.

Beginnt wieder von vorn.

Immer der gleiche Traum.

Am nächsten Morgen beginnt Dr. Weisser die Untersuchungen. Er studiert die Berichte Dr. Mönkmaiers und der Städtischen Kliniken, nimmt Frauke Blut ab.

»Wann hatten Sie die letzte Periode?«

»Vor einem Vierteljahr, vielleicht. Ich weiß es nicht so genau.«

»Hatten Sie in letzter Zeit Geschlechtsverkehr?«

»Ich doch nicht«, antwortet Frauke verlegen und wird rot.

»Warum hungern Sie?«

Frauke kennt die Frage und kennt die Antwort.

Sie redet sich heraus und antwortet nicht. Sie habe einfach keinen Hunger, das sei alles. Es gehe nichts in sie hinein, sie versuche es mit allen Mitteln, aber es funktioniere nicht.

»Wann hat das begonnen?«

»Vor gut einem Jahr«, antwortet Frauke und Dr. Weisser staunt, fragt unsicher nach.

Bis vor einem Jahr sei alles in Ordnung gewesen, dann habe sie plötzlich Magenkrämpfe und dieses Brennen bekommen. Ihr werde schon schwindlig, wenn sie nur an Essen denke.

»Wirklich erst vor einem Jahr?«

»Sicher«, antwortet Frauke gelangweilt und hat im gleichen Moment Angst.

Es ist schon viel länger her. So lange, wie sie sich erinnern kann.

»Haben Sie keinerlei Spaß am Essen?«

»Doch!«, ruft Frauke laut. »Vorgestern wollte ich noch gefüllte Ente kochen, fantastisch! Niemand kocht gefüllte Ente so gut wie ich.«

88 »Schön«, bemerkt Dr. Weisser und schaut Frauke zufrieden an, bittet sie, zu Frau Gorniak zu gehen.

Gorniak will wieder wissen, ob Frauke sich wohl fühlt, ob

sie Hunger habe, warum sie nichts esse, warum sie mit ihren Eltern nicht zurechtkomme.

»Ich komme mit ihnen zurecht, aber es ist einfach der Wurm drin.«

»Geht es etwas genauer?«, fragt Gorniak nach.

»Nein«, antwortet Frauke.

Gorniak sieht sie durch ihre getönte Brille an, fordert dann mehrmals: »Ich möchte genau wissen, wie du hungerst. Erkläre mir genau, wie das geht.«

»Es geschieht automatisch«, erzählt Frauke, »ich kann nichts dagegen tun.« Sie wartet einen Augenblick und setzt dann neugierig nach: »Was ist eigentlich *Anorexia*?«

»Eine Krankheit«, antwortet Gorniak, macht eine lange Pause. »Du meinst sicherlich *Anorexia nervosa*?«

Frauke zuckt ratlos mit den Schultern.

»Das heißt nichts anderes als *Pubertätsmagersucht*. Eine Krankheit, die zu neunzig Prozent bei Mädchen und jüngeren Frauen vorkommt. Sie ist dadurch gekennzeichnet, dass die Patienten die Nahrungsaufnahme verweigern und sich abhungern wollen. Etwa zehn Prozent aller Fälle enden tödlich.«

»Junge, Junge«, sagt Frauke und lacht, »muss eine ziemlich blöde Krankheit sein.« Sie bemüht sich, ihren Schrecken zu verbergen, gelassen zu wirken, stützt die Arme auf Gorniaks Schreibtisch auf, schaut aus dem Fenster.

Du kommst nicht an mich heran. Ich sage dir nichts.

Du willst nur, dass ich mich erschrecke und aufgebe.

Ich soll essen, das ist alles.

Diese Klinik, das ist ein Ess-Gefängnis.

»Was glaubst du, woher diese Pubertätsmagersucht kommt, Frauke?«

»Weiß nicht. Keine Ahnung.«

»Hast du keine Idee?«

»Nicht die Bohne, Frau Gorniak. Wissen Sie's denn nicht?«

Frau Gorniak kritzelt mit dem Kugelschreiber kleine Häuschen und Gesichter aufs Papier. »Gibt verschiedene Theorien drüber«, antwortet sie ungerührt, »einige Forscher meinen, es hat was damit zu tun, dass diese Mädchen Angst davor haben, Frau zu werden, andere Forscher meinen, dass die Mädchen mit dem Hunger irgendein Problem lösen wollen. Andere behaupten, das hätte was mit dem Stoffwechsel zu tun. Und wieder andere sagen, das hätte was mit der Familie zu tun oder das käme, weil Frauen es in der Männergesellschaft nicht aushalten könnten.«

»Was meinen Sie?«

»Ich weiß nicht. Bin unsicher. Kommt drauf an.«

»Sie wollen es mir nicht sagen.«

»Glaubst du das?«, fragt Gorniak langsam, blickt Frauke dabei an.

»Weiß nicht.«

Sie sehen sich an, Fraukes Gesicht spiegelt sich in Gorniaks Brille, erscheint verzerrt.

»Was ist eigentlich mit deiner Familie, Frauke?«

»Ach die!« Frauke lehnt sich zurück, klatscht in die Hände. »Die ist ganz in Ordnung.«

»Es geht dir zu Hause also gut.«

»Einigermaßen.« Frauke setzt sich aufrecht, hebt den Kopf etwas an. Bevor Gorniak nachfragen kann, beginnt Frauke von der Schule zu erzählen. Sie schwärmt vom Biologie-unterricht und dem Schulgarten, zieht über Nowatzki und den Klassenarbeitsbetrug her.

»Wie riecht Salbei?«, fragt Gorniak dazwischen.

»Mild«, erklärt Frauke, »wenn man die frischen Blätter zwischen den Fingern zerreibt, riecht es wie Weihnachten.«

»Schön.« Gorniak wartet geduldig, presst die Lippen auf-einander. Nach einer Weile fragt sie ruhig:

»Zu Hause ist wirklich alles in Ordnung?«

»Ja. Bestimmt.«

»Die Zeit ist um. Wir treffen uns morgen früh um elf Uhr wieder hier. Heute Abend ist Gruppenstunde auf der Sta-tion. Wenn du möchtest, kannst du daran teilnehmen.«

Frauke geht an Gorniak vorbei aus dem Zimmer, schlen-dert zum Speisesaal, wartet auf den Beginn der Essenaus-gabe, ist als Erste am Büfett. Sie achtet nicht auf die Zu-sammensetzung ihrer Mahlzeit, sieht nur 900 Kalorien als Summe unten auf dem Zettel stehen, zwingt sich, die Spei-sen zu essen, setzt immer wieder an, würgt, schluckt. End-lich kann sie das Tablett abgeben, die Teller sind leer.

Sie rennt nach oben, begegnet Helga Kloff, grüßt sie flüch-tig, lässt sich nicht auf ein Gespräch ein, läuft weiter, so schnell sie kann.

Nur müde sein.
Nichts mehr hören.

Sie rollt sich auf dem Bett zusammen, zieht die Beine an, umklammert sie, schaukelt hin und her, summt ein Kinderlied.

Ich will mich.

Dieser Satz geht ihr nicht aus dem Kopf.

Mehrmals kommen am Nachmittag Krankenschwestern und Patienten zu ihr, wollen sie zu einem Spaziergang abholen oder fragen, wie es ihr gehe, bieten Gesellschaft an. Frauke erscheint nicht zum Nachmittagskaffee, redet sich heraus, sie sei erschöpft, müsse schlafen.

Sie ist überglücklich, dass niemand mit ihr auf dem Zimmer liegt, genießt es, unbeobachtet zur Toilette zu gehen, in aller Ruhe zu erbrechen, zu spüren: Ich habe keinen Hunger. Ich habe mich im Griff. An mich kommt niemand heran.

Abends kommt Helga Kloff noch einmal auf ihr Zimmer, lässt sich nicht abwimmeln. »Du kriegst Schwierigkeiten, wenn du nicht zum Abendessen gehst. Sie haben schon ganz andere Leute als dich ans Essen bekommen.«

»Sie kriegen mich nicht«, erwidert Frauke überzeugt. »Mich kriegt niemand.«

»Deine Eltern haben auf der Station angerufen«, verrät Kloff geheimnisvoll, »aber Gorniak hat nicht gesagt, wie es dir geht. Hat nur erzählt, dass es Vereinbarungen gibt und dass die Eltern nicht anrufen sollen. Dann muss deine Mutter erzählt haben, dass sie krank ist, weil Gorniak ihr gesagt hat, sie soll zu einem Arzt gehen, wenn es ihr schlecht geht. Das war alles. In zwei, drei Wochen darf deine Mutter wieder anrufen. Tja, das ist Gorniak. Ein harter Drachen.«

»Bring mir 'n Glas Wasser«, bittet Frauke. Ihre Lippen sind spröde, aufgerissen, ihre Stimme klingt rau.

»Geh mit zum Abendessen, Frauke. Wenn du in der Klinik nicht mitmachst, machen sie was mit dir.«

»Heute möchte ich mit dir etwas anderes probieren«, erklärt Frau Gorniak, holt drei Mohrenköpfe aus der Schublade, stellt sie vor Frauke auf den Tisch.

»Die Küche hat mir mitgeteilt, dass du dich auf Mohrenköpfe spezialisiert hast.«

»Ich hab jetzt keinen Hunger.«

»Du hast keinen Hunger, Frauke?«

»Ich tanz nicht nach Ihrer Pfeife.« Frauke steht auf. »Sie können mir nichts befehlen.«

»Mich hätte nur interessiert, wie du ein komplettes Abendessen verdrückst und dann drei Mohrenköpfe hinterherschiebst. Würde ich das essen, ich wäre in einem Monat eine Tonne.«

»Sie müssen das nicht essen«, erwidert Frauke trotzig.

93

»Willst du dich nicht setzen?«, fragt Gorniak höflich.

Frauke nimmt in jede Hand einen Mohrenkopf, stopft sie beinahe gleichzeitig in den Mund, schluckt, leckt sich die Lippen genüsslich ab.

»Hast du fünf Minuten Zeit für einen Test?«, fragt Gorniak, beachtet nicht, wie Frauke den dritten Mohrenkopf verspeist. »Egal«, murmelt Frauke, kaut dabei. Gorniak wartet, bis Frauke aufgegessen hat.

»Konzentriere dich etwas. Schließe deine Augen.« Gorniaks Stimme wird energisch, eindringlich. »Erzähle mir, wie du aussiehst. Beschreibe dich, als würdest du in einen Spiegel sehen.«

»Was soll der Blödsinn!«

»Schließe deine Augen. Konzentriere dich. Du kannst jederzeit abbrechen, wenn du es nicht aushältst.«

»Hat meine Mutter gestern angerufen?«

»Konzentriere dich«, fährt Gorniak fort, überhört Fraukes Frage. »Wie siehst du dich?«

»Mutti ist krank, nicht?«

»Es geht ihr besser, Frauke. Konzentriere dich ganz auf dich.« Gorniak wird ungeduldig, hebt ihre Stimme.

»Sie sind ziemlich sauer, dass ich das erfahren habe – oder?«

»Ja, darüber bin ich sauer, wenn du es genau wissen möchtest.« Gorniak wird ärgerlich, setzt sich auf den Schreibtisch, lässt die Beine hin und her baumeln. »Warum willst du es nicht machen, Frauke?«

94

»Sie legen mich rein. Wenn ich etwas sage, drehen Sie mir das Wort im Munde herum.«

»Wie siehst du dich im Spiegel, Frauke?«

»Verdammt. Meinetwegen. Aber ich sag's nur, damit ich meine Ruhe habe. Helle Haare, mittelbraun, ein bisschen dunkelblond und mittellang. Großes rundes Gesicht. Blaugraue Augen, kurze Wimpern. Die Nase ist etwas zu groß und zu flach und glänzt. Die Lippen sind schmal, das Kinn steht etwas vor, aber keine Grübchen oder so.« Frauke rutscht unruhig auf ihrem Stuhl, hält sich an den Stuhlkanten fest, presst die Schenkel aneinander.

»Weiter, Frauke, weiter!«

»Mittelgroß, knapp einssiebzig. Pullovergröße 38.«

Frauke springt auf, dreht sich im Kreis. »Ich mag nicht mehr«, ruft sie.

»Weiter, Frauke. Du warst gut dabei. Konzentriere dich. Schließ die Augen.«

Frauke reibt ihre Hände am Rock ab, wischt sich den Schweiß von der Stirn. »Komm, Frauke«, bittet Gisela Gorniak, nimmt ihre Hand, führt sie zum Stuhl zurück. Frauke entzieht sich, schaut Gorniak ängstlich an.

»Schließ deine Augen. Wir spielen Blindekuh.«

»Nie im Leben!«

Gisela Gorniak stellt sich hinter Frauke, fasst sie an den Hüften. »Schließ die Augen, Frauke.«

Frauke gehorcht. Gorniak führt Frauke im Zimmer herum, bleibt stehen, bittet Frauke die Augen zu öffnen, sich einen Gegenstand genau anzusehen, dann wieder die Augen zu schließen, weiterzugehen.

95

Der Kalender.

Die Kinderbilder.

Der Spiegel.

»Bist du das?«

Gorniak stellt sich neben sie, berührt sie mit den Fingerspitzen. Frauke starrt in den Spiegel, schließt die Augen sofort wieder, öffnet sie zaghaft.

»Ist das die Frauke, die du eben beschrieben hast?«

Frauke stellt sich auf Zehenspitzen, setzt die Hacken langsam wieder auf, wischt sich die Haare aus den Augen, beugt sich langsam nach vorn, stößt mit der Stirn gegen die Spiegelablage, hält sich am Waschbecken fest.

Ihr blasses Gesicht.

Die eingefallenen Augen.

Die blau schimmernde Haut.

»Ich werde verrückt.«

Gisela Gorniak tritt einen Schritt zur Seite, schaut Frauke genau an.

»Sie sind schuld!«, schreit Frauke, rennt aus dem Zimmer, hält sich die Hand vor den Mund.

»Geht es immer so?«, fragt Gorniak später, Frauke liegt in ihrem Bett. Dr. Weisser steht neben ihr, zieht eine Spritze auf, sticht mit der Nadel in Fraukes Handrücken. »Morgen werden wir über alles ausführlich reden«, erklärt er Frauke freundlich, »morgen wird alles besser. Jetzt bekommst du ein Schlafmittel und kannst dich erst einmal erholen.«

Frauke reißt die Augen auf, die Augenlider schmerzen. Sie erschrickt. Es ist völlig dunkel um sie herum. Sie weiß nicht, wo sie sich befindet, möchte laut nach jemandem rufen, weiß nicht nach wem. Sie tastet sich ab, misstrauisch, als könne sie nicht glauben, dass sie wirklich allein ist. Sie fühlt, wie die Augenlider sich bewegen. Vorsichtig steigt sie aus dem Bett, geht herum, die Arme weit ausgestreckt. Mit den Fingerspitzen stößt sie gegen etwas Hartes, Hölzernes, befühlt es. Rollläden. Sie sucht den Gurt, zieht die Rollläden hoch. Spärliches Licht dringt durch die Ritzen in den Raum. Sie dreht sich langsam um, schaut die Zimmereinrichtung an.

Krankenhaus.

Das grüne Zimmer.

Mein kleines Gefängnis.
Gott sei Dank.

Sie zieht die Rollläden ganz hoch, starrt in die grelle Sonne, reibt sich die Augen, spürt die Wärme auf der Haut.

Einen Augenblick hat sie geglaubt, sie wäre zu Hause in ihrem Zimmer.

Liebe Sabine, schreibt sie auf ein kleines Blatt Papier, *es geht mir gut. Grüße alle von mir. Es wäre schön, wenn ihr mal vorbeikommen würdet. Ich denke an euch und mache mir Sorgen, Unterrichtsstoff zu versäumen. Auf keinen Fall will ich sitzen bleiben. Kannst du mir Arbeitsblätter und Hausaufgaben schicken?*

Herzliche Grüße: Deine Klassenkameradin Frauke.

Sie sitzt vor ihrem Brief, verbessert Fehler, versucht das Wort ich zu streichen oder zu ersetzen, scheitert, knüllt das

Blatt wütend zusammen, faltet es wieder auseinander, glättet es und zerreißt es dann. Sie ist müde und ganz allein.

Abends geht sie in den Speisesaal und holt ihr Essen – siebenhundertachtzig Kalorien. Sie eilt selbstsicher durch den großen Saal, dann durch den Seitenausgang nach oben auf ihr Zimmer, stellt das Tablett auf den Tisch. Langsam schneidet sie eine Schwarzbrotscheibe klein, löffelt die Stückchen auf, kippt Orangensaft nach. Dann schiebt sie das Geschirr beiseite, lässt das Glas über die Tischkante kippen, räumt die Scherben mit bloßen Händen fort, versteckt das Tablett hinter der Heizung.

Käme nur jemand.
Ich muss reden.

Das Team-Zimmer am Ende der Station ist leer. Die Stille auf dem Flur ist so unerträglich, dass das Geräusch ihrer Schritte sie aufschreckt und schmerzt. Sie geht durch den Flur, als balanciere sie auf einem schmalen Steg, schaut immer wieder zum Telefon, das auf dem Tisch im Team-Zimmer steht, geht näher heran, berührt den Hörer mit den Fingerspitzen. *Amtsleitung 31*, steht auf der Wählscheibe. Sie hebt den Hörer ab, wählt, presst den Hörer an ihr Ohr.

»Wanter«, meldet sich ihr Vater.

»Wie geht es?«

»Frauke!« Die Stimme ihres Vaters hört sich froh und erleichtert an. »Schön, dass du dich meldest. Wie geht es dir? Bist du untersucht worden? Was machst du den ganzen Tag?«

»Ich sitze meine Zeit ab«, antwortet Frauke.

»Wie viel wiegst du?«

»Weiß nicht. Die haben hier keine Waage.«

»Frauke, belüg mich nicht.«

»Nicht ganz vierunddreißig Kilo«, gibt Frauke zu, kratzt über die Sprechmuschel, blättert den Kalender, der auf dem Tisch liegt, durch.

Herr Wanter schimpft über die Klinik. Hätte er das vorher gewusst! Nie wieder werde er Dr. Mönkmaier vertrauen. Dann fügt er traurig hinzu: »Muss das sein, Kind? Willst du nicht vernünftig werden. Wir haben uns immer gut verstanden. Du würdest uns helfen, wenn du ...«

»Ist in der Firma alles in Ordnung?«, fragt Frauke teilnahmslos, hält den Hörer vom Ohr weg, versteht nicht mehr, was ihr Vater antwortet, legt den Hörer auf. Sie versucht, sich das Gesicht ihres Vaters vorzustellen. Sie sieht nichts als weiße Flächen und hört nur eine raue, lieblose Stimme.

Vati war wie immer.

»Schläfst du schon?«

Frauke rührt sich nicht, liegt wie tot auf ihrem Bett, äugt dann nach einer Weile vorsichtig, sieht Jürgen Brenner in der Tür stehen. Er kommt näher an sie heran, tippt an ihre Schulter. »Schläfst du schon?«

»Jetzt nicht mehr, verdammt!«

»Reg dich ab«, gibt Jürgen Brenner nur kurz zurück, »wenn du dich immer so aufregst, bekommst du in der nächsten Woche einen Herzinfarkt.«

Frauke ballt die Hände, zittert am ganzen Körper. Sie wünscht sich zu schreien, möchte alles aus sich herausbringen. Jeder soll wissen, was mit ihr ist. Sie wimmert, hält sich das Kopfkissen vor den Mund, wischt dann die Tränen schnell ab.

Brenner steht unbeteiligt neben ihr.

»Hilf mir doch.«

»Tja«, antwortet Brenner, »gar nicht so einfach. Kannst du das nicht selbst?«

Frauke kriecht in eine Bettecke, hält die Hände über ihren Kopf. »Ich habe meine Eltern angerufen.«

»Wie war's?«

»Wie immer«, antwortet Frauke und beginnt wieder zu weinen. »Mutti tut sich etwas an.«

»Wie kommst 'n darauf?«

»Ich spür das, verstehst du! Ich merke, was mit denen los ist.«

»Toll.« Brenner tippt sich gegen die Stirn. »Hat deine Mutter das gesagt – oder wie kommst du darauf?«

»Ich will sie nicht mehr sehen. Ich halt's nicht mehr aus. Ich will weg. Irgendwohin.«

»Wo liegt denn das?«

»Nimm mich einmal ernst, verdammt. Ich will mich, verstehst du. Ich will mich.«

Brenner erschrickt. »Um Himmels willen«, flucht er, »wo hast du das denn gelesen?«

Da lacht Frauke, rückt näher an ihn heran. »Hast 'n Kartenspiel da?«, fragt sie.

Jürgen Brenner nimmt Frauke mit aufs Team-Zimmer, sieht nach, ob einer der Patienten den Rufknopf gedrückt hat, holt ein Kartenspiel aus dem Schrank.

»Die Nachtwache spielt Karten!«, ruft Helga Kloff entgeistert. »Du spielst Karten, während mein Mann hier vorbeikommt und mein Geld will.«

»Reg dich ab, Helga, ist doch Quatsch.«

»Es war niemand hier, wirklich. Du kannst es ihm glauben«, stimmt Frauke ihm zu.

»Oh nein!«, ruft Helga Kloff laut, »du wirst es auch noch begreifen, Frauke. Wenn du erst so lange wie ich in diesem Laden bist, wirst du mich verstehen. Dich haben sie doch auch abgeschoben. Du kommst nie wieder hier heraus.« Helga Kloff schlägt gegen die Tür, wartet, ob Brenner nicht doch noch antwortet, knallt dann die Tür zu.

»Schade«, sagt Brenner, »sie ist eine tolle Frau. Ihre Verwandten machen sie jedes Mal fertig, wenn sie sich gerade erholt hat. Das wirft sie dann wieder um Wochen zurück. Die muss ihre Verwandten umbringen, sonst kommt die nie hier heraus.«

Frauke legt die Karten zusammen, mischt.

»Hab ich was Falsches gesagt, oder warum bist du so knurrig?«

»Du bist so hart zu ihr.«

»Soll ich mich etwa verstellen und sie betrügen?«

»Bloß nicht!«

Frauke teilt die Karten aus, sie spielen ›Lügen‹.

»Sie wiegen knapp dreiunddreißig Kilo, Frauke.« Dr. Weisser hält ihre Hände fest. »Noch ein oder zwei Kilo weniger, dann ist es aus.«

»Ich fühle mich aber gesund.«

»Das ist dann wohl Ihre Krankheit.«

»Sie drehen einem das Wort im Munde herum!« Frauke zieht ihre Hände zurück und verschränkt sie empört vor der Brust. »In Afrika und Südamerika sind die Menschen auch dünn und sterben nicht!«

»Da sind Sie leider falsch informiert, Fräulein Wanter. In Afrika und Asien sterben die Menschen wie die Fliegen. Aber nicht, weil sie nicht essen wollen, sondern weil sie nichts zu essen haben.«

»Das stimmt nicht. Wenn Sie es mir nicht glauben wollen, zeige ich Ihnen mein Erdkundebuch.«

»Fräulein Wanter«, sagt Weisser scharf, »Sie müssen nicht mit mir reden. Vielleicht klappt es mit Frau Gorniak besser. Sie wartet auf Sie. Heute Nachmittag sehen wir uns wieder.«

Er kann mir nichts befehlen.
Ich gehe, wann ich will und zu wem ich will.

Knapp dreiunddreißig Kilo. Die sorgen sich um mich. Genau wie zu Hause.

Immer, wenn ich ein bisschen weniger wiege, drohen sie. Was mit mir los ist, interessiert sie überhaupt nicht.

Die interessieren sich nur für meine Kilos.

Gisela Gorniak trägt ein helles, einfarbiges Sommerkleid mit halblangen Ärmeln. Frauke kann sich nicht vorstellen, dass diese Frau fröhlich sein könnte, ausgelassen. Gorniak telefoniert mit jemandem und blickt hin und wieder zu Frauke, nickt ihr zu, vertröstet den Anrufer mehrmals, der sich nicht abwimmeln lässt, spricht ihm gut zu. Dann wird sie energisch, macht ihm Vorwürfe. Sie zupft sich an den Haaren, zieht sie glatt, wischt mit Spucke ihren Lidstrich fort, wendet sich, kaum hat sie den Hörer aufgelegt, Frauke zu.

»Wie geht's?«

»Gut.«

»Dir geht es also gut«, redet Gisela Gorniak gleichgültig, beinahe geschäftsmäßig, holt ein Blatt Papier aus der Schublade, reicht es Frauke und gibt ihr einen Stift.

»Zeichne, was dir einfällt. Irgendwas.«

Frauke rührt den Stift nicht an. »Ich mag nicht malen.«

»Du möchtest nicht malen, Frauke?«

»Statt hier herumzusitzen, sollte ich für die Schule lernen. Ich habe nicht so viel Zeit.«

103

»Warum hast du keine Zeit?«, hakt Gorniak nach.

»Ich habe eben keine.«

»Du möchtest zur Schule?«

Frauke betrachtet Gorniaks dunkelrot lackierte Fingernägel, könnte fast darüber lachen, wie exakt sie geschnitten sind.

»Möchtest du zu deinen Eltern?«

»Warum nicht«, entgegnet Frauke.

Sie bemüht sich, entspannt zu wirken, legt die Hände auf ihre Oberschenkel.

Frau Gorniak presst die Handflächen gegeneinander, holt tief Luft, sieht Frauke mitleidsvoll an.

»Vor was hast du Angst?«, fragt sie leise. »Vor was hast du Angst, Kind?«

»Ich bin nicht Ihr Kind!« Frauke wird schwarz vor Augen, sie hört Stimmen, Gesprächsfetzen.

Reiß dich zusammen, Frauke. Lass dich nicht von ihr fertig machen.

Sie will aufstehen, weggehen, nie wieder zu Gorniak zurück.

Ich schaffe es allein.
Ich brauche niemanden.
Ich brauche nur mich.

Frauke hört sich laut atmen, es ist, als werde ihr ein dicker Eisenring um die Brust geschmiedet. Ganz allein wird sie auf einem großen Platz an eine Säule angekettet. Sie ruft nach Hilfe, schreit.

»Male ein Bild, Frauke.« Gisela Gorniak hält ihr ein Blatt Papier hin.

Frauke malt einen eingezäunten Garten, in dem kleine Sträucher und Bäume akkurat nebeneinander gepflanzt sind. Sie zeichnet die Blätter der Bäume sehr genau, will die Früchte darstellen, radiert sie wieder aus. In der Mitte lässt sie einen weißen Kreis frei.

»Ist es fertig?«

»Ein Bild ist nie fertig.«

»Stimmt«, sagt Gisela Gorniak, nimmt ihre Brille ab. »Schenkst du es mir?«

Frauke hält sich die Ohren zu, schüttelt den Kopf.

»Hast du Angst, Frauke?«

»Sie wollen mich rumkriegen, damit ich wieder normal werde und esse.«

»Ich will nichts von dir, gar nichts.«

»Sie lügen!«, ruft Frauke, schämt sich, schaut niedergeschlagen fort. »Entschuldigung«, stammelt sie, »ich wollte das nicht sagen.«

»Brauchst dich nicht entschuldigen«, sagt Frau Gorniak. Sie beobachtet, wie Frauke zittert und schwitzt. »Warum hungerst du? Wie hungerst du? Wie erbrichst du?«

Frauke beantwortet die Fragen.

Sie lügt kein einziges Mal.

»Du darfst kein Gramm mehr abnehmen, Frauke. Du gefährdest dich. Ich schlage dir einen Vertrag vor, an den wir uns beide halten müssen. Wenn du den Vertrag nicht akzeptieren kannst, brauchst du ihn nicht schließen. Ein Vertrag ist ein Vertrag – und kein Befehl.«

»Sie sind wie ein Geschäftsmann«, erwidert Frauke.

»Bis Montag nimmst du ein halbes Pfund zu, dann jede Woche ein Pfund mehr. Wir bieten dir dafür Spezialnahrung an, damit du es leicht schaffen kannst. Das ist Punkt eins des Vertrages. Solltest du es nicht schaffen, hast du die Wahl, das Krankenhaus zu verlassen. Wir haben andererseits die Möglichkeit, die weitere Behandlung abzulehnen.«

»Das soll ein Vertrag sein! Das ist Erpressung!«

Gisela Gorniak richtet sich auf. »Frauke! Wir haben keine Lust und keine Zeit, mit jemandem zu arbeiten, der vor Hunger nicht mehr klar denken kann. Es ist nur sinnvoll, wenn du mindestens achtunddreißig Kilo wiegst. Vorher kann man mit dir nicht reden.«

»Das meinen Sie doch nicht im Ernst!«

»Sicher. Wenn du achtunddreißig wiegst, kannst du an allen Therapien teilnehmen. Das ist Punkt zwei. Vorher musst du nur zunehmen. Du bewegst dich möglichst wenig, bekommst die Spezialnahrung und gehst nicht aus dem Haus.«

»Das ist ein Trick«, ruft Frauke empört, »wenn ich achtunddreißig Kilo wiege, schicken Sie mich nach Hause.«

»Wenn du dich an den Vertrag hältst, bestimmst du, ob du gehen willst oder nicht. Wir schicken dich nicht gegen deinen Willen nach Hause.«

106 »Was habe ich denn davon, wenn ich den Vertrag mache?«, fragt Frauke.

»Weißt du das wirklich nicht?«

Frauke überlegt einen Moment.

Jetzt nach Hause?
Jetzt hier fort?
Achtunddreißig Kilo wiegen.
Essen müssen.
Spezialnahrung.
Von achtunddreißig komme ich in einer Woche
spielend wieder auf fünfunddreißig.

»Gut«, stimmt Frauke zu, will schon gehen, da macht Gorniak eine Einschränkung: »Eins zu deiner Sicherheit: Mit diesem Vertrag musst du dich auch verpflichten, die Klinik erst dann zu verlassen, wenn du das Gewicht erreicht hast, mit dem du hierher gekommen bist. Fünfunddreißig Kilo. Solltest du nicht auf fünfunddreißig Kilo kommen oder sogar noch weiter abnehmen, müssen wir dich künstlich ernähren. Verstehst du das, Frauke?«

»In Ordnung, Chef«, antwortet Frauke, winkt Frau Gorniak flapsig zu, »alles kein Problem.«

Frau Gorniak reicht Frauke die Hand. Frauke drückt fest zu. »Abgemacht«, sagt Gorniak. Frauke nickt. Ihr Herz schlägt wie verrückt, sie ist ganz benommen.

So große Angst hatte Frauke noch nie. Seit gut einer Stunde sitzt sie in ihrem Zimmer, denkt an den Vertrag, der keiner ist, sondern ein Befehl, eine Anordnung. Sie sitzt zusammengekrümmt auf dem Stuhl, den Daumen im Mund.

Fraukes Haut ist ausgetrocknet. Die Backenknochen bilden sich deutlich unter der Gesichtshaut ab, die Härchen an Armen und Beinen sind hell und weich wie Babyhaare, wie Flaum.

Ich habe Hunger.

Einen Augenblick zweifelt sie, prüft, ob sie es sich nicht einredet.

Ich habe Hunger.

So große Angst hatte Frauke noch nie.

Plötzlich ist der Hunger da, den es schon lange nicht mehr geben sollte. Ein Hunger, der unbändig ist. Sie ist nicht stolz auf ihn. Dieser Hunger ist kein Hunger, den sie bezwingen kann. Er ist kein Zeichen dafür, dass sie Gewalt über sich hat. Ihr Hunger, das war ein Hunger nach Leben. Jetzt hat sie Hunger auf Schokolade. Bloß schnell auf achtunddreißig Kilo kommen.

Mit diesem Vertrag hat sie sich ausgeliefert. Dieser Vertrag hat sie verändert, umgedreht.

Ein halbes Pfund in ein paar Tagen zunehmen. Dann schnell auf achtunddreißig Kilo kommen. Das ist

nichts. Das kann ich spielend schaffen. Alles wäre in Ordnung.

Nichts ist in Ordnung. Ich muss essen. Ich will diesen Hunger nicht haben.

Ich will ihn nicht.

Sie wollen nur, dass ich dick werde.

Der Vertrag ist kein Vertrag.

Das ist mein Todesurteil. Wenn ich nachgebe, wenn ich achtunddreißig Kilo wiege, haben sie gewonnen.

Ich bin nichts mehr. Hab mich weggeschmissen.

Dieser fremde Hunger.

Ich will mich.

»Deine Eltern haben hier angerufen«, flüstert Helga Kloff Frauke auf dem Flur zu. »Sie sind sauer, dass du weiter abgenommen hast, und wollen dich rausholen.«

»Wieder nach Hause?«, fragt Frauke entsetzt.

»Weiß nicht. Gorniak hat gebettelt, dass du noch ein paar Wochen in der Klinik bleiben kannst.«

»Wann haben sie angerufen?«, will Frauke wissen.

»Ist doch egal. Freu dich, dass sie überhaupt angerufen haben.«

Frauke geht pünktlich zu den Mahlzeiten, isst, was sie serviert bekommt. Fast 3000 Kalorien pro Tag. Jedes Mal schleicht sie danach zur Toilette, erbricht. Dann setzt sie sich an ihren Tisch, liest, wiederholt Englischvokabeln, zeichnet Pflanzen. Sobald jemand kommt, wirft sie sich auf ihr Bett und stellt sich schlafend.

Sie spricht wenig mit anderen Patienten und dem Stationspersonal. Nur einmal geht sie abends ins Gruppenzimmer, sieht fern, schläft beinahe dabei ein. Es ist ihr, als werde sie wie ein Versuchstier eingesperrt und abgefüttert.

Sie darf nicht aus dem Haus und sie will auch nichts unternehmen, wartet nur darauf, dass Gorniak sich meldet, dass etwas mit ihr geschieht.

Die nächsten Tage bestehen aus Mahlzeiten und morgendlichen Untersuchungen bei Dr. Weisser. Gorniak hat mitteilen lassen, sie werde sich erst wieder mit Frauke unterhalten, wenn sie achtunddreißig Kilo erreicht habe.

Nach drei Tagen wiegt Dr. Weisser Frauke wieder.

»Dreiunddreißig Kilo.«

Frauke glaubt Dr. Weisser nicht. »Ich fresse dreitausend Kalorien pro Tag. Da können Sie mir nicht erzählen, dass ich abnehme.«

»Das ist kein Problem, Frauke, wenn man zwischendurch erbricht und Sport treibt. Schlafen Sie nachts? Erbrechen Sie? Treiben Sie heimlich Sport?«

Frauke wehrt alles ab.

Sie sagt ihm nicht, dass sie nachts nicht schläft, sondern Träume zu verhindern versucht.

Gorniak mustert Frauke von oben bis unten, schaut sie misstrauisch an, wartet, blättert in einer Aktenmappe, blickt dann zu Frauke auf. »Du weißt, was wir vereinbart haben, wenn du abnimmst?«

»Alles halb so wild!«, versucht Frauke sie zu beschwichtigen, winkt ab.

»Wir halten uns an den Vertrag, das ist doch klar, oder?«

Frauke sieht zur Zimmerdecke, tut, als suche sie etwas in den Rocktaschen, hebt die Schultern ratlos.

»Na also«, sagt Gorniak, klappt die Aktenmappe zu, »in einer Stunde bei Dr. Weisser. Fünfunddreißig Kilo werden wir schon schaffen.«

Dr. Weisser erklärt Frauke alles noch einmal langsam und genau. Er müsse mit der künstlichen Ernährung beginnen, so sehe es der Vertrag vor. Die Magensonde gewährleiste eine schonende und gesunde Ernährung. Alle drei Stunden werde sie ab heute eine Portion Nona bekommen. Von 1500 Kalorien werde die Ernährung auf 3000 Kalorien gesteigert.

Frauke schließt erschrocken ihren Mund, schüttelt den Kopf. »Trotz Magensonde sollen Sie in der Kantine durchaus kleine Happen zu sich nehmen, damit Sie das Geschmacksgefühl nicht verlieren. Geben Sie auf der Station bitte an, was Sie in der Kantine gegessen haben, damit wir einen Überblick behalten. Haben Sie das alles verstanden?«

Frauke bleibt starr sitzen, blickt Dr. Weisser entgeistert an.

»Muss es heute sein?«

»Wir haben bereits viel zu lange gewartet, Fräulein Wanter.

Wir müssen heute beginnen«, sagt Dr. Weisser kurz, bittet Frauke ins Behandlungszimmer. Frauke folgt ihm langsam, setzt sich auf einen Stuhl.

»Entspannen Sie sich«, fordert Weisser sie auf, holt einen Beutel hervor, packt einen etwa halben Meter langen Schlauch aus, der knapp einen halben Zentimeter Durchmesser hat. »Sie werden nichts spüren«, beruhigt Weisser sie, reibt das Schlauchende mit einer Creme ein.

Ich habe keine andere Wahl.
Sie können mit mir machen, was sie wollen.
Diese Schlange.
Eine Schlange macht noch keinen Hunger.

Dr. Weisser drückt Fraukes Kopf leicht nach hinten, schiebt den Schlauch ins linke Nasenloch. Der Schlauch stößt gegen die Nasenwand, rutscht weiter. »Immer schlucken, als würden Sie trinken«, bittet der Arzt, führt den Schlauch weiter ein.

Frauke packt eine ungeheure Angst, der Schlauch könne sie verletzen und sie könne verbluten. Sie packt die Hand Dr. Weissers, spürt die Schlauchspitze hinten im Rachen entlanggleiten.

»Schlucken! Immer schlucken! Sonst tut es weh!«

Frauke kratzt, hält Weissers Arm mit beiden Händen fest. Weisser blickt von oben auf sie herab, zieht seinen Arm zurück. »Entweder Sonde oder künstliche Ernährung. Sie haben einen Vertrag. Unter fünfunddreißig Kilo werden wir Sie nicht entlassen. Glauben Sie bitte nicht, dass uns das Spaß macht. Ganz im Gegenteil.«

Frauke keucht, sperrt den Mund auf. Dr. Weisser schiebt den Schlauch weiter hinunter durch die Speiseröhre. Frauke traut sich beinahe nicht zu atmen. Bewegungslos hockt sie auf dem Stuhl, ihre Nackenmuskeln sind völlig verkrampft.

»Bewegen Sie sich bitte. Gehen Sie auf und ab, bücken Sie sich.«

Frauke traut sich nicht aufzutreten, lässt sich sachte vom Stuhl gleiten, beugt sich langsam nach vorn. Der Schlauch ist nicht zu spüren. Das Einzige, was bleibt, ist ein leichter Druck im Rachen.

Jürgen Brenner füttert Frauke das erste Mal durch die Magensonde. Er füllt hellen gelblichen Brei in eine dicke Spritze, stöpselt sie in den Schlauch, der etwas aus der Nase herauslugt, drückt den Spritzenkolben zuerst schnell herunter, dann langsamer und singt dabei: »Nona, Nona, Nonana!«

Frauke verfolgt, wie Jürgen den Kolben allmählich herunterdrückt. »Wie viel Kalorien sind das?«

»Ein paar hundert. Nicht der Rede wert.«

»Wie schmeckt das Zeug überhaupt?«

Jürgen lacht, drückt den Kolben sehr schnell herunter, spritzt etwas Wasser nach, damit die Sonde sauber bleibt. »In zehn Minuten komme ich zurück, dann wirst du wissen, wie es schmeckt.

Zehn Minuten.

Plötzlich kommt einer und presst einem dicken, widerlichen Babybrei ein – ich kann mich nicht einmal dagegen wehren. Für die Leute in der Klinik ist das nichts Besonderes. Die machen das jeden Tag. Wie Metzger sind sie. Sie fragen nicht, wie ich mich fühle, ob ich das will. Sie wollen nur, dass ich dick werde, dass sie Erfolge haben. Egal wie.
Zu Hause wusste ich wenigstens noch, was ich essen musste. Jetzt bin ich eine Maschine, die betankt wird.

Allmählich spürt Frauke einen milchig sauren Geschmack auf der Zunge. »Babybrei«, sagt sie, als Jürgen sie kurze Zeit später fragt, wie es geschmeckt habe. »Babybrei«, wiederholt Frauke noch einmal und nuckelt enttäuscht am Daumen.

Der Schlauch liegt wie eine Zündschnur in ihrem Körper. Das Ende lugt wie ein hässlicher Eiterkanal aus der Nase. Jeder Tropfen, der in sie hineingepumpt wird, ist wie das Ticken einer Uhr.

Von nun an misst Frauke die Zeit in Essensspritzen. Jedes Mal, wenn ein Pfleger oder eine Krankenschwester mit der Spritze kommt und ihr gut zulächelt, ist sie ein Stück weniger. Es ist, als nehme ihr der Schlauch den Atem, fülle sie aus. Sie zieht etwas daran, sofort setzt ein stechender Schmerz ein, wie ein elektrischer Schlag.

Dienstagmorgen um acht Uhr wiegt sie dreiunddreißigeinhalb Kilo. Frauke steigt von der Waage und zieht sich wieder an. Weisser beglückwünscht sie. »Noch zehn Tage, dann sind Sie über den Berg«

Frauke lächelt ihm zu, geht zur Toilette, pinkelt, lacht. Das waren gut dreihundert Gramm, die jetzt in der Kanalisation verschwunden sind.

Frauke wird gefüttert wie ein Baby.

Jeden Morgen auf die Waage.

Jeden Morgen ist Dr. Weisser zufriedener.

Frauke wiegt nach ein paar Tagen schon fast vierunddreißig Kilo, da versucht sie es wieder.

Sie steckt den Finger so tief sie kann in den Hals, bricht aus, was sie herauswürgen kann.

Ich hab mich im Griff.

Weisser wird schon am nächsten Morgen misstrauisch.

»Haben Sie erbrochen?«, fragt er.

»Nein«, streitet Frauke heftig ab, ist froh, als sie das Untersuchungszimmer endlich verlassen darf.

Ich bin stärker als sie.
Ich will nichts essen. Ich hab meinen Hunger wieder.

Frauke freut sich über jede Stunde, die sie im Bett liegen darf und nicht mit anderen verbringen muss. Auf Gorniak wartet sie schon lange nicht mehr, sie interessiert sich nur noch für Jürgen Brenner. Abends geht sie manchmal zu ihm aufs Team-Zimmer, spielt Karten mit ihm.

»Was machen deine Eltern?«, fragt er nebenbei.

»Keine Ahnung.«

»Interessieren sie dich nicht?«

»Weiß nicht«, antwortet sie.

Später, im Bett, streicht sie mit ihren Händen über ihre trockene Haut und streichelt sie.

Draußen ist es kalt. Das Fenster ist geschlossen.

Ich bin stark!

Frauke redet es sich ein und zweifelt daran. Sie liest Briefe, die sie nicht abgeschickt hat: Briefe, in denen sie bittet, man solle ihr schreiben. Hilferufe, sie werde unterdrückt und verfolgt. Der letzte Brief ist nur noch wie eine langweilige Ferienpostkarte:

›*Liebe Sabine! Wie geht es dir? Mir geht es gut. Ich habe hier ein schönes Zimmer und bekomme Ernährung durch eine Magensonde. Vielleicht bin ich nächste Woche wieder bei euch. Grüße an alle aus der Klasse. Frauke.*‹

Sie hat sich nicht getraut, diesen Brief abzuschicken, hat immer an den Streit mit ihrer Mutter denken müssen. Damals, als Sabine oft nachmittags zu ihr kam, mit ihr spielte und Hausaufgaben machte, hat ihre Mutter ihr den Umgang mit ›diesem Mädchen‹ verboten. Sabine lenke sie nur von der Schule ab und habe Flausen im Kopf. Frauke hat heftig widersprochen, Sabine immer wieder eingeladen, bis Frau Wanter eines Tages Sabines Mutter anrief. Damit war die Sache erledigt. Sabine hat nie darüber geredet. Frauke hat sie nie darauf angesprochen. Sie haben sich geschämt, sie konnten einfach nicht mehr miteinander reden. Es war, als hätte jemand eine Mauer zwischen ihnen gezogen.

Aus einem Zimmer der Station dringt Musik. Frauke geht auf den Flur hinaus, dann weiter bis ans Ende der Station, die Musik wird immer lauter.

You can get, what you always want.

Du kriegst dich, wenn du es immer willst, übersetzt Frauke, bemerkt, dass sie einen Fehler gemacht hat, und möchte, dass er bleibt.

Du kriegst dich, wenn du es immer willst! Sie öffnet die Zimmertür behutsam, schaut durch den Türspalt ins Zimmer. »Könnt ihr nicht leise sein! Bei dem Krach kann niemand schlafen!«

Die Leute lachen. »Die Kleine kommt!«, ruft ein Mann halblaut, die anderen singen weiter. »Komm rein, Mädchen, wir feiern Geburtstag.« Die anderen klatschen und begrüßen sie fröhlich.

»Wein oder Bier?«

Frauke setzt sich auf den Boden. »Nichts, bitte!«, wehrt sie ab.

Die anderen stellen sich vor: Zwei Herzinfarkte, männlich; eine Depression, weiblich; zwei Krebse, einer männlich, einer weiblich.

»Und du?«, fragt der Krebsmann.

»Anorexia nervosa, wahrscheinlich«, sagt Frauke unsicher, fast stotternd. Jemand pfeift überrascht. Eine Frau hält eine Kerze hoch, leuchtet Fraukes Gesicht an. »Magensonde«, kommentiert sie fachkundig, setzt die Kerze wieder ab. Eine Weinflasche wird herumgereicht. Frauke gibt sie weiter, ohne getrunken zu haben.

»Herzlichen Glückwunsch zum Geburtstag«, wünscht sie, schaut sich in der Runde um. Die Depressionen-Frau bedankt sich, trinkt aus der Flasche. »Auf ein weiteres Jahr!«, wünscht die Krebsfrau. Dann spielt der Infarktmann Bye bye love. Die anderen summen mit. Frauke greift nach der Weinflasche, setzt sie an, trinkt hastig. Sie schmeckt nur den letzten Schluck, reibt die Zunge unterm Gaumen.

»Hat jemand von euch eine Zigarette?«

»Vorsichtig, sonst bekommst du einen Herzinfarkt.« Der Mann reicht eine Schachtel herüber. »Nimm meine!«, bittet die Krebsfrau, »die geben den schnellsten Lungenkrebs in der ganzen Klinik.«

Frauke muss kichern, schaut sich unsicher um.

»Wie schmeckt der Wein?«

»Ausgezeichnet.«

Die Krebsfrau rückt näher an Frauke heran, nimmt sie in den Arm. »So jung und schon in der Werkstatt«, sagt sie, drückt Frauke an sich. »Wie viel wiegst du?«

»Vierunddreißig und etwas.«

»Dann kannst du demnächst durchs Schlüsselloch zu uns kommen. Wundert mich, dass sie bei dir überhaupt noch Nasenlöcher gefunden haben. Die sind ja mikroskopisch klein!«

»Bin ich zu dünn?«, fragt Frauke entsetzt.

Die Krebsfrau schaltet die Zimmerlampe ein, reicht Frauke den Arm. »Steh auf, zeig dich mal.«

Frauke stellt sich aufrecht hin, die Krebsfrau streicht über ihre Hüften, haut auf ihren Hintern. »Könnte mehr sein«, sagt der Infarktmann.

»Quatsch«, erwidert der andere Infarkt, »mach das Licht aus, Beate.«

Frauke betrachtet sie: die drei Männer, alle um die vierzig Jahre, eine Frau und Beate. Alle in Schlafanzügen. Der Infarktmann klimpert auf der Gitarre, und die Krebsfrau meint, sie könne die Klinik jederzeit verlassen, wenn sie es nur wolle.

»Willst du etwa nach Hause?«, tönt es zurück.

»Hört mit dem Blödsinn auf!«, ruft der Gitarrenspieler, »erzählt nicht diese Geschichten.«

»Noch einen Wein?«

Frauke wehrt ab, da bittet die Krebsfrau: »Drück ihn dir durch die Sonde, dann spürst du nichts.«

Frauke schüttelt den Kopf, einer verlässt das Zimmer, kommt mit einer dicken Spritze wieder, zieht Wein auf, hält sie gegen das Kerzenlicht. Frauke legt den Kopf etwas in den Nacken, beobachtet, wie die Depressive den Spritzenkolben langsam herunterdrückt. »Badenwein«, erklärt die Depressive, »ein guter Tropfen.«

»Zu viel Zucker drin«, sagt Frauke leise.

Der Krebsmann stutzt einen Augenblick, dann brüllt er vor Begeisterung. Die anderen lachen laut. »Der Witz war gut«, sagt die Depressive, möchte Frauke unbedingt noch einen Schluck einspritzen. Frauke stimmt zu. »Von Wein nimmst du besser zu als von Babynahrung«, sagt die Krebsfrau, zeigt auf ihren Bauch. »Guck: Tabletten und

119

Schnaps – davon kriegst du einen Bauch, als wärst du im sechsten Monat schwanger.«

Frauke lehnt sich an die Krebsfrau, dämmert vor sich hin, erzählt von der Schule und vom Salbei. Die Frau hört aufmerksam zu, reicht ihr mehrmals die Weinflasche. Frauke trinkt hastig, fühlt sich leicht, aufgehoben. Am liebsten möchte sie singen. »Verdammte Sonde!« Sie geht ins Bad, schaut in den Spiegel, fasst zaghaft die Sonde an. Langsam zieht sie am Plastikschlauch. Er kommt ein Stückchen aus der Nase, es kitzelt. Angespannt zieht Frauke weiter, Stück für Stück. Es ist, als habe der Schlauch kein Ende.

Die Krebsfrau klopft Frauke auf die Schultern, wirft die Sonde aus dem Fenster.

»Gib mir eine Zigarette«, bittet Frauke.

Morgens, kurz vor fünf, beginnen alle aufzuräumen. Frauke wankt auf ihr Zimmer.

Dr. Weisser schaut Frauke besorgt an. »Warum haben Sie die Sonde nicht mehr?«

»Die ist weg«, antwortet Frauke.

»Auf die Waage.«

Frauke überlegt, wie sie Dr. Weisser davon abbringen könnte, sie zu wiegen. »Bitte beeilen Sie sich«, drängt Dr. Weisser, hustet ungeduldig.

Endlich steht Frauke auf der Waage, Weisser liest die Anzeige ab. »Unter vierunddreißig.«

Frauke steht ihm gegenüber, nur mit Unterhemd und Slip bekleidet, schämt sich.

Kurze Zeit später kommt Gorniak ins Untersuchungszimmer, baut sich vor Frauke auf. »Ich habe Zeit«, sagt sie, »vielleicht hast du mir etwas zu erklären.«

»Ich möchte hier bleiben.« Frauke schaut bei jedem Wort, wie Gorniak reagiert, meint Erleichterung bei ihr festzustellen.

»Warum hast du das gemacht?«

»Weiß nicht«, antwortet Frauke, »es kam einfach so.«

»Wenn du es jetzt nicht in den Griff bekommst, wirst du dich zugrunde richten. Ist dir das klar, Frauke?«

»Wir haben eine Verpflichtung Ihren Eltern gegenüber«, mischt Weisser sich ein, »Sie sollen wieder gesund werden.«

»Ich weiß«, antwortet Frauke, »das weiß ich alles.«

»Gut«, sagt Gorniak knapp, »wir haben einen Vertrag, das weißt du. Wir müssen heute mit der intravenösen Ernährung beginnen.«

»Mit der Nadel?« Frauke schaudert es.

»Es muss sein. Nicht nur wegen der letzten Nacht, sondern auch, weil du erbrichst. Du musst auf fünfunddreißig Kilo kommen. Wenigstens auf fünfunddreißig – vorher entlassen wir dich nicht.«

»Warum denn?«, fragt Frauke ärgerlich, muss dabei gähnen.

»Weil du nicht mehr du selbst bist!«, sagt Gorniak laut.

»Das stimmt gar nicht.« Frauke tritt einen Schritt zurück, hält die Hände abwehrend von ihrem Körper weg.

»Ich warte!«, wirft Dr. Weisser ein.

»Meinetwegen«, sagt Frauke. Es ist ihr, als werde sie besinnungslos.

Der Nadeleinstich schmerzt nicht. Dr. Weisser klebt die Nadel auf dem Handrücken mit einem Pflasterstreifen fest. »Die bleibt einige Tage in der Hand, damit wir nicht jedes Mal neu einstechen müssen. Machen Sie bitte keinen Unsinn damit und bewegen Sie sich dementsprechend vorsichtig.«

Weisser wartet, bis das Schauglas unterhalb der Infusionsflasche voll ist, lässt dann den Infusionsschlauch voll laufen, der auf die Nadel gesteckt ist.

»*Hyperalimentation*«, sagt Dr. Weisser, übersetzt es mit: »*Künstliche Überernährung*«.

In jeder Infusionsflasche verstecken sich hunderte Kalorien. Medikamente werden gleichzeitig mit der Infusionsflüssigkeit verabreicht: Beruhigungs- und Schlafmittel. Ohne dass Frauke es merkt, gelangen sie mit der Infusion in ihren Körper.

»*Hyperalimentation* bietet alles, was der Mensch braucht«, sagt Dr. Weisser.

»Ich weiß«, antwortet Frauke, »vor allem die essenziellen Aminosäuren.«

Frauke gehorcht. Sie lässt die künstliche Überernährung über sich ergehen. Angestrengt liegt sie in ihrem Bett, will nicht, dass sie jemand besucht.

Einmal schauen der Infarkt und die Depressive kurz ins Zimmer, versuchen sie zu trösten. Frauke weist sie zurück, lustlos und müde.

Sie traut sich nicht mehr in den Spiegel zu sehen, hat Angst, sich nicht wieder zu erkennen.

Frauke schläft traumlos und schwer. Beim Aufwachen schmerzt ihr der Kopf, jedes Geräusch dröhnt in ihren Ohren. Sie mag sich nicht einmal selbst mehr sprechen hören.

Jeden Morgen wiegen.
Fünfunddreißig Kilo!
Wie schnell das Zeug ansetzt!

Sie drückt ihr Kopfkissen fest an sich, küsst es, denkt nur noch an sich, achtet auf jede Regung ihres Körpers, jeden Krampf, jede Andeutung eines Schmerzes.

Das Stationspersonal achtet darauf, dass Frauke regelmäßig überwacht wird, dass sie sich nicht zu viel bewegt, dass sie schnell Gewicht ansetzt.

Die Braunüle in der linken Hand ist ein Brandmal. Sie schmerzt, wenn Frauke sie berührt. Fraukes trockene Haut wird geschmeidiger. Gleichgültig registriert sie, dass ihre Haare ausfallen, wenn sie sich kämmt. Ganze Büschel bleiben in der Bürste hängen. Je mehr Frauke zunimmt, umso schlechter fühlt sie sich.

Jedes Gramm ist ein Stück weniger von mir,

schreibt sie auf einen Zettel, versteckt ihn unter der Wäsche. Ein paar Mal hat sie schon versucht zu erbrechen, hat es nicht geschafft. Erfolglos hat sie versucht, Liegestütze zu machen, Kniebeugen. Bereits nach ein-, zweimal war sie erschöpft, musste sich ins Bett legen.

»Frauke, du hast Besuch!«

»Erzähl keinen Quark!«

»Ich schwöre«, beteuert Jürgen Brenner, »zwei Mädchen aus deiner Klasse.«

»Ich kann mich selbst verarschen, wenn ich unbedingt will«, ruft Frauke, dreht sich zur Wand.

Jürgen knallt die Tür hinter sich zu. »Blödmann!«, flucht er und schreit dann: »Blödes Weib!«

Jemand klopft zaghaft an die Tür. Frauke dreht sich wieder um, schiebt den Infusionsflaschen-Ständer zur Seite.

»Tag, Frauke!«

»Birgit! Sabine! Wie kommt ihr hierher?«

»Durch die Tür«, antwortet Birgit, überreicht Frauke einen Strauß Blumen.

»Toll! Ein Biedermeiersträußchen! Woher wusstet ihr ...«

»Erinnerst du dich, als wir für meine Mutter mal Blumen eingekauft haben und du ausgewählt hast? Ganz verrückt warst du nach Biedermeier!«

»Find ich toll!«, bedankt sich Frauke bei Sabine, drückt ihre Hand fest, zittert etwas. »Wie seid ihr auf die Idee gekommen, mich zu besuchen?«

»Einfach so«, antwortet Sabine, »wegen früher. Ist doch komisch, wenn du im Krankenhaus liegst und niemand kümmert sich um dich.«

»Ja«, sagt Frauke langsam, schließt die Augen, »das stimmt.« Es entsteht eine Spannung zwischen Sabine und ihr, als seien ihre Kehlen zugeschnürt. Beide wollen sie reden, erzählen, niemand traut sich, den Anfang zu machen.

»Ich hab die Arbeitsblätter mitgebracht«, unterbricht Birgit das Schweigen, packt einen Stoß Papier auf den Tisch. »Frau Weniger hofft, dass du bald wieder zurück bist. Wir warten auf dich.«

»Wie seid ihr eigentlich hergekommen?«

»Per Anhalter!« Birgit macht eine wegwerfende Geste, huscht ans Fenster, stellt sich auf Zehenspitzen, räuspert sich. »Genauer gesagt«, beginnt sie leise zu sprechen, »deine Eltern haben uns hergefahren. Sie warten auf dem Parkplatz. Wink ihnen oder geh zu ihnen runter.«

»Meine Eltern?« Frauke kann es nicht glauben.

»Ja«, bestätigt Sabine, »sie haben angerufen, ob wir dich nicht besuchen könnten.«

Frauke schlägt sich vor den Kopf.

»Deine Mutter ist fix und fertig. Da haben wir es eben gemacht.«

»Letzte Woche war deine Mutter dreimal in der Schule und hat sich bei Nowatzki beschwert. Sie meint, deine Krankheit käme nur, weil Nowatzki dir die Fünf gegeben hat.«

»Ich muss jetzt schlafen«, sagt Frauke niedergeschlagen, schließt die Augen, zieht die Beine an.

»Wie lange musst du noch bleiben?«

»Weiß nicht.«

»Willst du nicht wenigstens ans Fenster kommen? Wenn deine Eltern dich nicht sehen, machen sie uns hinterher im Auto verrückt.«

»Kannst ihnen sagen, es geht mir gut. Verdammt gut.«

Frauke hält sich die Hände vors Gesicht. »Lasst die Rollläden runter. Ich muss schlafen, sonst nehme ich noch mehr ab.«

»Hilfe«, seufzt Birgit, »mit dir ist gar nichts mehr los.« Die beiden verabschieden sich nicht, als sie das Zimmer verlassen.

»Telefon für dich«, ruft Jürgen.

»Wer?«

»Die Freundin von eben. Die hat was vergessen.«

Frauke nimmt den Hörer abwesend in die Hand.

»Wie geht es dir, Kind?« Frau Wanter fragt besorgt und weint gleich. »Ich habe es nicht mehr ausgehalten, musste dich anrufen. Seit zwei Wochen habe ich nichts von dir gehört. Wir machen uns Sorgen um dich, ob es dir gut geht.«

Frauke stellt sich das Gesicht ihrer Mutter vor, die Augen, die akkurat gekämmten Haare.

»Wie geht es dir, Schatz?«, fragt ihre Mutter wieder.

»Gut, Mutti, es geht besser.«

Frau Wanter schnäuzt sich laut. »Wirklich, Frauke? Belügst du uns nicht?«

Frauke bleibt dabei.

»Wie viel wiegst du?«, fragt ihre Mutter ungeduldig.

»Ich weiß nicht«, antwortet Frauke, legt den Hörer auf die Gabel, geht fort, tritt laut auf.

»Ich soll keine Anrufe und keinen Besuch bekommen!«, brüllt sie Brenner an, »warum hast du sie überhaupt kommen lassen!«

»Willst du mich verarschen, Frauke! Ich organisiere, dass deine Freundinnen dich besuchen können, und du …«

»Meine Eltern haben sie geschickt, die Frau am Telefon war meine Mutter!«

»Verdammt!«, flucht Brenner, »die sind gerissen.«

»Fünfunddreißig Kilo!« Weisser nickt zufrieden, schaut noch einmal auf die Anzeigescheibe. »Jetzt haben Sie das Gewicht, das Sie auch bei der Aufnahme hatten.«

»Schön«, antwortet Frauke erschrocken.

»Wollen Sie die Klinik verlassen, Fräulein Wanter?«

»Nein.« Frauke sagt das schnell und überzeugt.

Er fragt nur, ob ich abhauen will.
Ob ich bleiben will, fragt er nicht.
Ich will nicht bleiben,
will nicht achtunddreißig Kilo wiegen,
eine riesige Tonne werden!

»Gut. Dann geht es weiter. Wenn Sie achtunddreißig Kilo wiegen, beenden wir die *Hyperalimentation*, dann müssen Sie wieder auf eigenen Beinen stehen.«

Mit achtunddreißig Kilo kann ich mich nicht mehr ansehen. Alle werden zufrieden sein. Gorniak wird wieder mit mir reden.
Vati und Mutti werden erleichtert sein.
Würde ich nie mehr als fünfunddreißig Kilo wiegen!
Könnte ich immer im Zimmer liegen bleiben!
Genau – das ist es. Sie werden mich nicht kriegen.

»Es tut mir Leid, wegen damals.« Helga Kloff sucht nach Fraukes Hand, berührt sie sanft. Ihr Gesicht ist aufgedunsen, die Augen sind gerötet und starr. »Ich war von der Rolle. Jetzt fühle ich mich wieder gut.«

»Schön. Du siehst prima aus.« Frauke versucht ein ehrliches Gesicht zu machen, weil sie ihr nicht wehtun will.

Helga Kloff schaut vergnügt im Zimmer herum, überlegt, was sie in den nächsten Tagen unternehmen könnte.

»Ich denke nicht mehr an meine Verwandten«, sagt sie erleichtert, »sie sind mir egal.«

»Dann bist du über den Berg.«

»Hoffentlich. Hoffentlich bekomme ich keinen Rückfall.«

»Du doch nicht«, beschwichtigt Frauke sie, will Kloffs Gerede nicht länger hören. »Lass uns einen Spaziergang machen!«, schlägt sie vor, steigt aus dem Bett, klebt das Pflaster auf der linken Hand fest. Sie stützt sich auf die Bettkante, wartet, bis das Schwindelgefühl nachlässt, ist wacklig auf den Beinen.

»Meinetwegen«, stimmt Helga Kloff zu, »darfst du denn nach draußen?«

»Muss niemand merken«, sagt Frauke nur, zieht sich um.

Sie gehen durch den Park aufs Dorf zu, bleiben eine Viertelstunde auf einer Bank sitzen. Kloff berichtet über ihre Krankheit, erzählt Geschichten über die Vorbeigehenden.

»Kennst du alle, die in der Klinik sind?«

»Nicht alle«, antwortet Kloff, »aber wenn man ein paar Monate hier ist, erkennt man den Menschen auf hundert Meter an, woher sie kommen und was sie haben.«

»Bei mir auch?«, fragt Frauke zögernd.

»Sicher. Ist doch nicht schwer.«

»Ich möchte wieder zurück«, bittet Frauke.

Kloff protestiert. »Gerade, wo es schön wird, da willst du wieder in dein dunkles Zimmer. Willst du überhaupt nicht gesund werden?«

»Lass mich doch.«

Frauke geht zurück. Kloff ruft ihr etwas hinterher, das sie nicht verstehen kann.

129

Je näher Frauke der Klinik kommt, umso sicherer fühlt sie sich.

Ein Schrei, kurz vorm Umkippen, beinahe ein Fiepen. Ungeheure Angst und Enttäuschung sind in diesem Schrei. Frauke läuft es kalt den Rücken herunter. Die Zeit bleibt stehen. Wie ein schwarzer Vogel mit ausgebreiteten Schwingen fliegt etwas auf sie zu, trudelt, dreht sich in der Luft, schlägt dann dumpf und hart einige Meter vor ihr auf den Schieferplatten des Gartenweges auf.

Frauke nähert sich langsam dem schwarzen Bündel.

Eine junge Frau, höchstens zwanzig Jahre alt, blonde strähnige Haare. Ihre Hände bewegen sich zuckend, ihr Körper bebt. Aus dem Mund fließt Blut, aus Ohren und Stirn dringen in unregelmäßigem Rhythmus dünne Blutrinnsale.

Frauke beugt sich zur Frau hinunter.

»Hallo!«

Die Frau bewegt sich nicht.

Frauke kniet sich neben sie, sieht in der Hand der Frau einen Zettel, nimmt ihn rasch, steckt ihn in die Tasche. Das Blut, das aus dem Mund der jungen Frau tritt, scheint kleine Blasen zu werfen, wird zu einer klebrigen Masse. Frauke kriecht auf den Knien ein Stück zurück, Steinkanten drücken in ihre Haut.

Sie starrt auf die junge Frau, dieses regungslose Bündel, reißt sich Haarbüschel aus.

Schreit.

Schreit wie die junge Frau.

Endlich kommen Leute. Endlich kommen Pfleger, Ärzte 130 und einige Patienten.

»Du bist aber neugierig«, spricht der Krebsmann Frauke an. Sie beobachtet, wie die junge Frau auf einer Bahre abtransportiert wird. Frauke erschrickt, lässt kleine Haarbü-schel auf die Erde fallen.

Die Menschen stehen um den Blutfleck auf dem Weg herum und spekulieren. Der Hausmeister kommt und kippt Sand über das Blut.

Frauke verschwindet auf die Toilette, kramt den Zettel der Frau hervor. Eine gedrängte, aufrechte Schrift.

Liebe Eltern!
Ihr werdet diesen Schritt wieder einmal un-möglich finden und ihn nicht verstehen. Ihr werdet nicht begreifen, wie ich das machen kann. Aber ich mache nichts. Natürlich werdet ihr mich wieder auslachen, wenn ihr diesen Brief lest. Wahrscheinlich liegt ihr auf eurem tollen Sofa und lacht euch ka-putt, weil ihr diesen Brief nicht begreifen könnt. Ihr seid nicht zu dumm für diesen Brief, im Gegenteil: Ihr seid zu schlau.
Ihr seid immer schon zu schlau gewesen für mich. Wir haben uns nie etwas zu sagen ge-habt, haben immer aneinander vorbeige-lebt. Ihr seid wie Steine gewesen, habt eure Sprüche heruntergerasselt und mich vor-

wurfsvoll angesehen. Angeblich habt ihr
euch Sorgen um mich gemacht.
Dass ich nicht lache!
Um was habt ihr euch gesorgt, um wen?
Doch nur um euch selbst.
Ich brauche mich nicht entschuldigen. Von
mir bekommt ihr kein Wort mehr. Ihr küm-
mert euch um jeden eurer Nachbarn und
Geschäftsfreunde mehr als um mich. Selbst
um euren Fernseher sorgt ihr euch mehr als
um mich.
Von Liebe habt ihr keine Ahnung. Wenn ich
sehe, wie ihr lebt, muss ich immer ans Ster-
ben denken. Freut euch nicht zu früh. Ich
bringe mich nicht um. Mit mir werdet ihr
noch Spaß bekommen, darauf könnt ihr
euch verlassen. Jetzt werdet ihr schreien vor
Lachen. Vater wird sagen, dass ich unreif
bin. Gut, dann bin ich unreif – es kann aus
mir also noch etwas werden. Ihr seid fertig.
Ihr wollt es eurer Tochter, die angeblich
euer Kind ist, gar nicht leichter machen.
Wenn ich kaputtgehe, steigen bei euch doch
die Aktien. Wisst ihr wirklich nicht, was ich
brauche? Wisst ihr immer noch nicht, wer
ich bin?
Ich will nicht mehr die sein, die ihr euch
wünscht. Ich will eure Perspektive nicht,
eure so genannte Zukunft. Seht euch nur

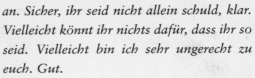

an. Sicher, ihr seid nicht allein schuld, klar.
Vielleicht könnt ihr nichts dafür, dass ihr so
seid. Vielleicht bin ich sehr ungerecht zu
euch. Gut.
Wenn ich es jetzt nicht mache, geht alles
weiter wie bisher.
Wenn ich jetzt nicht beginne, geht alles zu
Ende, und es hat keinen Sinn.
Eure – so genannte – Tochter

»Ich habe diesen Brief im Garten gefunden, bei der Frau, die aus dem Fenster gestürzt ist.«

»Geben Sie her!« Der Pförtner reißt Frauke den Zettel aus der Hand. »Ich werde ihn sofort weiterleiten«, sagt er und liest ihn.

Auf der Station stehen die Patienten beisammen und reden miteinander. Jeder will beobachtet haben, wie die junge Frau aus dem Fenster gesprungen ist. Jeder hat die Frau gut gekannt.

Eure so genannte Tochter! Ich bin ungerecht zu euch. Ich bringe mich nicht um.

Frauke hat Angst, die Augen zu schließen. Sie fürchtet sich, das herunterfallende schwarze Bündel vor sich zu sehen, das Blut.

Frauke steckt plötzlich in einer großen Latzhose und einem dicken Wollpullover. Sie kennt die Kleidung nicht, hat sie noch nie gesehen, fürchtet sich vor ihr. Ihre Hände stecken in breiten Wildlederfäustlingen, sie kann sich nur mühsam in der weiten und dicken Kleidung bewegen, lässt sich auf den Boden ihres Zimmers fallen. Ihre Eltern stürzen auf sie zu, schreien entsetzt, versuchen Frauke aufzuhelfen. Frauke stößt sie fort, rennt an ihnen vorbei auf den Flur.

Auf der gegenüberliegenden Seite befindet sich ein Fahrstuhl. Die Tür öffnet sich automatisch, Frauke huscht hinein, die Türen schließen gleich hinter ihr.

Der Fahrkorb ruckt an, ein Pfeil auf der Anzeigetafel weist nach unten.

Das Schreien und Hämmern der Eltern wird immer leiser, je länger der Aufzug fährt. Mit einem Schlag setzt der Fahrkorb hart auf, vibriert, Motoren surren, eine Alarmglocke schrillt. Die Aufzugtür öffnet sich. Draußen ist es gleißend hell. Frauke will mit einem Satz aus dem Aufzug springen, geht in die Hocke, springt, stößt heftig gegen eine durchsichtige Mauer, wirft sich dagegen, bäumt sich auf. Sie blickt durch die Wand nach draußen, versucht ihre Augen an das gleißende Licht zu gewöhnen.

Draußen ist nichts.

Frauke drückt gegen die Wand, ihre Hände erwärmen sich. Schlangen kriechen von der anderen Seite an der Wand hoch, ihre langen Zungen berühren das Glas. Die Schlangen haben keine Augen, huschen fort, sobald sie den oberen Mauerrand erreicht haben, tauchen in den Raum, in dessen Mitte eine schwarze Rose erscheint. Sie schwebt bewegungslos.

Die Schlangen ringeln sich um die schwarze Rose, streifen an deren Stacheln ihre Haut ab, fressen sie auf.

Die Aufzugtür schließt sich wieder, sofort ruckt der Aufzug an. Der Leuchtpfeil weist nach oben, erlischt bald.

Die Schreie der Eltern.

Der Aufzugkorb bleibt stehen, die Türen öffnen sich nicht. Frauke versucht mit beiden Händen, die Aufzugtüren zur Seite zu schieben. Im gleichen Augenblick dringt Blut in den Fahrkorb. Bald steht Frauke bis zu den Knien im Blut, kann die Tür mit ganzer Kraft weit öffnen. Ein Blutschwall schießt in die Kabine. Frauke wird vom Blutstrom fortgerissen, taucht darin unter, stößt gegen Mauerkanten und Türfassungen, gelangt in die Wohnung ihrer Eltern.

Aus dem Schlafzimmer dringt unterdrücktes Jammern und Wimmern. Frauke watet zum Schlafzimmer. Im Türrahmen hat sich ein riesiger Krake festgesaugt. Ein hellbraunes Tier, dessen Körper von schwarzen Adern durchzogen ist. Es hat einen hellroten Mittelpunkt. Das ist sein Herz. Das Jammern der Eltern wird stärker. Frauke schwimmt zur Tür, wirft die Fäustlinge fort, die schon voll Blut sind, tastet sich an den regungslosen Kraken heran, hebt ihre Hände.

Statt ihrer Finger bewegen sich wie Zangen an jeder Hand zwei mächtige Klauen, geben ein lautes Hackgeräusch von sich. Aus den Klauen wachsen lange dünne Messer mit scharfer Schneide. Frauke steht direkt hinter dem Kraken, hält die Messerhände über dessen Mitte.

»Nein!«, schreien die Eltern. Ihre Stimmen sind gebrochen. »Nein«, schreien sie, »tu das nicht, Frauke!«

Frauke lässt die Hände langsam sinken. Die beiden Messerpaare durchtrennen den Kraken in der Mitte, durchschneiden das Herz. Die Krakenarme lösen sich von der Türfassung, schwimmen auf Frauke zu, pulsieren, drohen sie zu umschlingen. Frauke schlägt und schlägt mit den Messern auf die Krakenarme ein. Sie schlägt ins Blut, schlägt, bis die Krakenarme regungslos auf dem Blut schwimmen.

Dann fließt das Blut plötzlich ab, das Schlafzimmer der Eltern ist leer. Nur auf der Fensterbank ist noch eine kleine rote Spur. Frauke sieht in den Schlafzimmerspiegel.

Die Messer an den Händen bilden sich zurück. Frauke sieht sich in einem hübschen Sommerkleid, so, wie ihre Mutter es sich schon immer gewünscht hat.

Aus Fraukes Mund wächst eine schwarze Rose.

Frauke wacht auf, ihre Hände sind ineinander verkrallt, breite Kratzspuren ziehen sich über die Finger, die Nadel liegt auf der Erde.

War ich das?
Das ist kein Traum gewesen.
Ich habe es genau gesehen.

Frauke kann nicht mehr schlafen. Sie öffnet das Fenster, beugt sich hinaus, blickt aufs Dorf, beobachtet, wie frühmorgens die ersten Einwohner zur Arbeit fahren. Am liebsten möchte sie malen, wie die Sonne aufgeht – tiefrot taucht sie die Landschaft in ein Dämmerlicht, zeichnet alles mit weichen Linien.

»Sie wiegen beinahe sechsunddreißigeinhalb. Weiter so!«, muntert Dr. Weisser sie beim Wiegen auf, setzt eine neue Nadel ein. »Noch eine Woche, dann sind wir über den Berg.« Frauke lässt die Nährflüssigkeit in ihre Vene tropfen, bewegt sich nicht. Rechts und links hört sie Stimmen, laute heftige Rufe. Es sind ihre Stimmen.

Nicht aufgeben, Frauke.
Du darfst es nicht, Frauke.

Sie überlegt, ob sie Abführtabletten nehmen soll, ob sie die Nährflüssigkeit ins Spülbecken laufen lassen soll. Sie malt sich alles genau aus – und bewegt sich nicht dabei, atmet gleichmäßig ein.

Stark werden.
Hör nicht auf, Frauke.

Sie kann nichts mehr tun, ohne dass sie einer Stimme gehorcht. Sie fällt in eine verwirrende Gleichgültigkeit, schläft viel, hofft, nie wieder aufzuwachen.
Alles, was sie tut, erscheint ihr gegen sich selbst gerichtet. Gleichzeitig ist es das Einzige, was sie überhaupt tun kann.

Zwischen fünfunddreißig und achtunddreißig kann ich leben. Das ist die Lösung.

»Glückwunsch!« Dr. Weisser ist froh, weist stolz auf die Anzeigescheibe. Achtunddreißig Kilo. Das Basisgewicht ist erreicht. Frauke ist wie erstarrt. Ihr Gesicht ist blass, ausdruckslos. Weisser zieht die Braunüle aus der Vene.

»Schön«, sagt Frauke, reibt verwundert über die Handfläche.

»Darauf können wir stolz sein«, fügt Dr. Weisser hinzu.

»Sie können darauf stolz sein«, erwidert Frauke. Lieber wäre sie bei siebenunddreißig Kilo geblieben, hätte sich weiter künstlich ernähren lassen, die Tage verdämmert. Sie spürt die fünf Kilo nicht, die sie in den letzten Tagen und Wochen zugenommen hat. Sie tastet sich ab, sieht sich im Spiegel an, meint nichts zu entdecken, was außergewöhnlich wäre. Sie hat sich daran gewöhnt, zwei Personen zu sehen, wenn sie in den Spiegel schaut. Eine, das ist die alte magere Frauke. Die andere, das ist die dicke behäbige Frauke.

»Es kann sein, dass Sie in den ersten Tagen ein bisschen abnehmen, vielleicht ein halbes Pfund. Das ist normal, weil Sie sich wieder ans Essen gewöhnen müssen. Aber mehr darf es nicht werden, verstehen Sie mich, Frauke?«

»Bestimmt«, antwortet Frauke schnell und verlässt das Zimmer. Dr. Weisser steht hinterm Schreibtisch, die Hand ins Leere ausgestreckt.

»Schön, dass du es geschafft hast«, lobt Gorniak Frauke, »mach weiter so.«

Frauke reibt sich verlegen die Hände, möchte am liebsten, dass Gorniak ihr Zimmer schnell wieder verlässt.

»In einer Woche wirst du vierzig Kilo wiegen, dann darfst du für längere Zeit mal raus, ab fünfundvierzig Kilo kann der Besuch kommen. Was ist los? Freust du dich nicht, Frauke? Was machst du für ein entsetztes Gesicht?«

»Alles in Ordnung«, sagt Frauke schnell.

»Na also! Wir können mit der Therapie beginnen. Wenn alles gut geht, siehst du in einigen Wochen deine Eltern wieder.«

»Ja?«, fragt Frauke verunsichert, erschrickt über ihr eigenes verlegenes Lachen, »aber das muss nicht unbedingt sein. Ich schaff's auch allein.«

»Glaubst du das wirklich?«, fragt Gorniak, verabschiedet sich. »Morgen beginnen wir mit der Kreativitätstherapie. Von jetzt an bist du den ganzen Tag voll eingespannt, Frauke.«

»Meinetwegen«, murmelt Frauke, schüttelt abwesend Gorniaks Hand.

Kaum ist Gorniak aus dem Zimmer, setzt sich Frauke an den Tisch, schreibt immer wieder auf ein Blatt Papier:

Ich will mich – ich will mich.

Sie schreibt es so lange, bis die einzelnen Sätze sich verwischen. Morgen, sagt Frauke sich, morgen bin ich wieder bei siebenunddreißig Kilo. Oder noch weniger.

III

»Überraschung!« Eine Krankenschwester öffnet die Tür mit einem Ruck, schiebt eine Frau etwas vor.

Das darf nicht wahr sein. Das gibt es doch nicht. Diese Frau braucht bestimmt zwei Stühle, wenn sie sich setzen will. Sie passt gerade durch die Tür. Bei der unterscheiden sich Brust und Bauch überhaupt nicht.

Eine Tonne.

Eine Rumpeltonne.

»Guten Tag«, grüßt die Frau freundlich.

»Das ist Frauke Wanter, ihre Zimmerkollegin«, stellt die Krankenschwester Frauke vor.

Die Frau macht zwei kleine Schritte nach vorn, hält Frauke die Hand hin. »Ich heiße Hanna Cramer.«

Das darf nicht wahr sein. Sie ist ekelhaft. Wahrscheinlich hatte sie ihren zehnten Herzinfarkt wegen Verfettung. Das Backenfleisch hängt herunter,

dicke schrumpelige Hautsäcke. Die soll auf mein
Zimmer.
Nie im Leben.
Die sind verrückt!

»Richten Sie es sich in Ihrem Zimmer ein. Nach dem Mittagessen wird Frau Gorniak ein erstes Gespräch mit Ihnen
führen.«

»Sehr gut«, antwortet Hanna Cramer und lächelt. Frauke
starrt die Wand an.

Hanna Cramer wuchtet einen großen Koffer auf den Tisch,
lässt sich auf den Stuhl fallen, schnauft laut. Auf ihrer Stirn
bilden sich Schweißperlen.

»Wo ist Frau Gorniak?«, fragt Frauke im Team-Zimmer
empört nach, »dieses Monstrum soll sofort aus meinem
Zimmer verschwinden. Da wird einem doch schlecht!«

»Das Leben ist hart«, erwidert die Krankenschwester
lächelnd, ordnet weiter Medikamente ein, ohne Frauke zu
beachten. Frauke ist wütend, rennt zurück.

»Machst du bitte die Tür zu, es zieht«, sagt Frau Cramer
höflich.

Frauke rührt sich nicht.

Frau Cramer geht bedächtig zur Tür, schließt sie leise.

»Wie lange bist du schon hier?«

Frauke beißt die Zähne zusammen. »Soll ich ›Sie‹ zu dir
sagen?«

»Ist mir egal.«

»Ist es gut hier?« Hanna Cramer stellt sich neben Frauke, zieht ihre Bluse glatt.

»Bis jetzt war es hundertprozentig.«

Hanna Cramer stemmt die Arme in die Seiten. »Wenn dir etwas an mir nicht passt oder wenn du lieber allein sein willst, kannst du es offen sagen. Ich kann Sticheleien nicht leiden.«

Frau Cramer wartet einen Moment auf eine Reaktion Fraukes, schnauft laut. »Keine Antwort ist auch eine«, sagt sie enttäuscht, packt ihren Koffer aus, legt ordentlich gefaltete Wäschestücke in den Einbauschrank. Frauke taxiert sie ab, beobachtet sie misstrauisch.

Jetzt hast du einen Aufpasser im Zimmer. Sie wird Tag und Nacht darauf achten, dass du isst, dass du dich nicht zu viel bewegst. Wenn ich ein einziges Mal nicht gehorche, wird sie mich bei Gorniak verraten. Sie ist dick, ekelhaft dick. Wahrscheinlich versucht sie die liebe Mutti zu spielen und sich einzuschmeicheln. Ich habe keine ruhige Minute mehr. Nachts wird sie schnarchen und schnaufen. Wahrscheinlich ist sie Alkoholikerin oder tablettensüchtig. Oder beides. Die hat sich nicht im Griff und sucht jemanden, den sie schikanieren kann.

Das war Gorniaks Idee.

Die will mich fertig machen.

Die meint glatt, nur weil ich achtunddreißig wiege, kann sie mit mir machen, was sie will.

Falsch gerechnet.

Wenn ich die dicke Cramer sehe, habe ich die Schnauze schon voll. Da krieg ich nichts mehr runter.

Wahrscheinlich soll ich so dick werden wie diese Tonne, dieses Monstrum, dieser Fettklotz.

Nie im Leben.

Gleich wird sie bitten und betteln. Sie wird versuchen, an mich heranzukommen.

Nichts. Kein Stück.

Frauke starrt vor sich hin, nimmt nicht wahr, dass Hanna Cramer sich umzieht, wäscht, in einer Zeitung liest. Frauke hat die Augen weit geöffnet, sieht Bilder vor sich, die sie schon lange nicht mehr gesehen hat, hört Stimmen, die waren in den letzten Tagen so weit weg, dass sie meinte, es gäbe sie nicht mehr.

Dann kommt der Bluttraum wieder.

Immer wieder wird er gestoppt, reißt ab, eine Stimme ruft und schreit: »Du träumst nicht, Frauke Es ist wahr!« Sie will den großen Kraken in der Zimmertür zerschlagen, rennt gegen Mauern an, hört nur noch ein schrilles Lachen.

Es wäre alles so einfach gewesen. Immer zwischen fünfunddreißig und achtunddreißig Kilo.
Immer Ruhe gehabt.

Endlich wird Frau Cramer zu Gorniak gerufen.

»Fragen Sie bitte Frau Gorniak, ob ich nicht in ein anderes Zimmer verlegt werden kann!«, bittet Frauke.

»Das wird für uns beide besser sein«, antwortet Hanna Cramer, »ich will dir nicht auf die Nerven gehen, hab genug mit mir zu tun.

»Gut«, antwortet Frauke.

Cramer nickt ihr freundlich zu, sieht sie dann traurig und enttäuscht an. Da möchte Frauke ihre Bitte am liebsten wieder zurücknehmen, geht ihr ein Stück entgegen, möchte sich entschuldigen. Sie bleibt stehen, kann nicht weiter, als sei eine unsichtbare Mauer zwischen ihr und dieser dicken Frau. Frauke kann ihren Anblick nicht ertragen.

Du wolltest mich um etwas bitten?«, fragt Gisela Gorniak Frauke betont höflich, setzt sich zu ihr an den Tisch, trommelt mit den Fingerspitzen auf der Tischplatte.

»Ich halt das nicht aus – diese Frau in meinem Zimmer.«

»Du hältst es nicht aus?«, fragt Gorniak nach.

»Genau.«

»Hast du eine Begründung dafür?«

Frauke schweigt, weicht Gorniaks Blick aus.

Hanna Cramer kommt ins Zimmer, stellt sich neben Frau Gorniak. »Habe ich etwas falsch gemacht?«, fragt sie leise, ihre Lippen zittern leicht, unter den Achseln zeichnen sich große Feuchtigkeitsflecken ab.

»Möchtest du nicht mit uns reden?«, fragt Gorniak nach einer langen Pause.

»Ich will meine Ruhe«, antwortet Frauke nur.

»In Ordnung«, sagt Gorniak, wartet Fraukes Erleichterung ab, um dann nachzusetzen: »Es bleibt dabei, Frauke. Du musst lernen, mit anderen zusammenzuleben. Die Klinik ist kein Hotel. Hier wird gearbeitet. In ein paar Tagen werden wir noch einmal zusammen reden. Einverstanden?«

Frauke will wütend protestieren. Das können Sie nicht mit mir machen, will sie rufen, ich bin freiwillig hier! Sie dürfen mich nicht mit einem Monster in ein Zimmer sperren. Sie bringen mich um!

»Wir haben unten in meinem Zimmer noch einige Dinge zu besprechen«, sagt Gorniak zu Hanna Cramer, »vielleicht überlegt sich Frauke, ob sie mit Ihnen ein gemeinsames Zimmer haben will. Wenn nicht, Frauke, kannst du uns Bescheid geben.«

Kaum haben die beiden das Zimmer verlassen, stellt Frauke einen Stuhl ans Fenster, steigt darauf, legt sich die Gardinenschnur um ihren Hals, knotet sie mehrmals zusammen. Die Schnur fühlt sich kalt an, liegt wie eine Eisenkette auf der Haut.

Frauke tritt an den Stuhlrand, stellt sich auf die Zehenspitzen. Sie verschränkt die Arme auf dem Rücken, ihr Brustkorb hebt sich beim Atmen nur wenig auf und ab.

Diese flirrende Luft.

Es ist nur ein kleiner Schritt.

Sie lässt sich nach vorn fallen, kommt auf den Knien auf, fängt sich mit den Händen ab.

Die Gardinenstange vibriert.

Die Gardinenschnur, eine feste Kordel, ist abgerissen, baumelt um ihren Hals. Frauke bleibt auf dem Boden liegen, kauert sich zusammen.

Sie kann nicht weinen.

Ihr Herz schlägt regelmäßig.

Ihre Haut ist warm.

Um ihren Hals zeichnet sich ein dünner roter Streifen ab.

Sie spürt einen ungeheuren Druck im Magen, ein Brennen.

Ich habe Hunger. Ich lebe.

Einige Minuten später ist die Gardinenschnur wieder an der Gardine befestigt, Frauke liegt auf ihrem Bett. Als Hanna Cramer kommt, stellt sie sich schlafend.

Nach so vielen Tagen zum ersten Mal wieder essen. Wieder einen Teller vor sich stehen haben, Messer und Gabel in die Hand nehmen, schneiden, kauen, schlucken. Es ist Frauke, als müsse sie wie ein kleines Kind wieder essen lernen. Die Porreescheiben und das Kartoffelpüree fallen von der Gabel. Wenn sie schluckt, fühlt es sich an, als rutschten kleine Klumpen die Speiseröhre hinunter.

Die anderen Patienten essen schnell, unterhalten sich, schauen zu ihren Nachbarn.

Frauke möchte nicht, dass ihr jemand zusieht. Sie sitzt in einer Ecke an einem kleinen Tisch, hat die beiden anderen Stühle, die noch an ihrem Tisch standen, zur Seite gestellt. Einige Reihen weiter sitzt Frau Cramer vor ihrem Teller, starrt gierig auf eine Scheibe gekochten Schinken und einen

Becher Tee. Frauke verteilt mit der Gabel das Püree auf dem Teller, bildet zwei kleine Hügel, probiert von jedem etwas, zieht kleine schmale Muster mit den Gabelspitzen. Jeden Bissen, den sie zu sich nimmt, schmeckt sie sorgsam ab, schmeckt den scharfen Pfeffer, die Zwiebeln.

Ich habe Hunger.

Sie spürt, wie der Magen gegen die Speisen rebelliert, wie er sich wehrt. Sie muss aufstoßen, spürt den sauren, bitteren Geschmack schon im Mund, schluckt, schließt den Mund, probiert dann vom Dessert.

Nur raus hier. Keinen Tag länger bleiben als nötig.
Ich bring mich nicht um. Ich werd nicht wie sie.
Warum haue ich nicht ab?
Ich kann doch jederzeit gehen, hab meine Kilos zusammen. Mehr als genug. Kann in einer Minute fort, wenn ich will.
Raus hier. Irgendwohin.

Helga Kloff kommt zu ihr an den Tisch, berichtet von ihrer Gruppentherapie und von ihren neuesten Erfolgen. Ihre Bewegungen sind harmonischer, natürlicher, ihre Sprache ist ruhig, gelassen.
»Und! Wie geht es dir?«

»Prima«, antwortet Frauke, tut ganz überzeugt, »die *Hyperalimentation* ist vorüber.« Über Frau Cramer berichtet sie nichts.

Nachts hört Frauke gespannt, wie Hanna Cramer atmet. Das monotone Atmen Cramers verbindet sich bei ihr mit Bildern, mit Geschichten. Frauke öffnet das Fenster weit, beugt sich hinaus, traut sich nicht, nach unten zu sehen, schließt die Augen, hält sich an der Fensterbank fest, wippt. Am liebsten würde sie schweben.

»Frauke! Frauke! Hilf mir!« Hanna Cramer rüttelt Frauke wach. Frauke tastet nach der Nachttischlampe.

»Nicht! Lass es dunkel!«

»Was ist denn los!« Frauke ist ärgerlich, schiebt Hanna Cramers Hand zur Seite.

»In unserem Zimmer ist eine Taube.«

»Na und!« Frauke richtet sich auf, knipst das Licht an. Cramer hält die Hand vor den Mund, weicht vorsichtig etwas zurück. »Da!«, ruft sie entsetzt, »da ist sie.«

Mitten im Zimmer, am Tischbein, hockt eine graublau gefiederte Taube, bewegt den Kopf aufgeregt, als wolle sie picken, gurrt, trippelt ein wenig zur Seite, duckt sich dann. Hanna Cramer schleicht an ihr vorbei, tritt behutsam auf, um sie nicht zu erschrecken, verschwindet im Badezimmer. »Treib sie raus!«, ruft sie mit unterdrückter Stimme.

Frauke beugt sich vor, streckt die Hand nach der Taube aus, lockt sie mit Gurrlauten an. »Komm, du kleine Taube«, flüstert sie, »komm auf meine Hand.«

Die Taube schaut sie an, bewegt sich nicht. »Leise, kleine Taube, du kleines Biest«, redet Frauke auf die Taube ein, zieht die Bettdecke zurück.

»Ist sie fort?«, ruft Hanna Cramer.

»Psst!« Frauke steht auf, die Taube hüpft ein Stück fort, schlägt mit den Flügeln, lässt Taubendreck auf den Boden fallen.

»Frauke!« Hanna Cramers Stimme klingt ängstlich und verzweifelt.

»Komm, Täubchen, die will dich hier nicht haben.« Frauke kriecht auf allen vieren, streckt die Hand vorsichtig nach der Taube aus.

»Bleib bloß hier«, flüstert sie, »flieg mir nicht weg, verdammtes Biest.«

»Frauke!«

»Komme schon.« Frauke steht langsam auf, um die Taube nicht aufzuschrecken. »Du bist ein nettes Tierchen!«

»Ist sie fort?«, fragt Hanna Cramer. Frauke reißt die Badezimmertür auf, sieht, wie Hanna Cramer neben der Toilette hockt, die Hände über den Kopf hält. »Mach sofort die Tür zu«, schreit sie.

151

»Regen Sie sich nicht wegen einer kleinen Taube auf. Die tut niemandem etwas, die kackt höchstens auf den Tisch.«

Frau Cramer droht Frauke mit ihren Fäusten, lehnt sich gegen die Fliesen. »Mach endlich, verdammt.«

Frauke steht aufrecht vor ihr, die Hände gefaltet, betrachtet sie. Warum schwitzt die Dicke nicht, fragt sie sich. Warum schnauft sie nicht? Am liebsten würde sie lachen, als sie sieht, wie Cramer auf dem Boden hockt. Das leibhaftige Elend.

»Ich halte es nicht aus«, sagt Frau Cramer leise. »Kannst du den Vogel nicht aus dem Zimmer jagen?«

»Haben Sie was gegen Vögel?«

Frau Cramer lässt den Kopf auf die Knie sinken.

»Bitte, Frauke!«

»Meine Fresse!«, flucht Frauke, reißt ein Handtuch vom Haken, geht ins Zimmer. »Die will dich hier nicht haben, kleiner Spatz«, ruft sie der Taube zu, versucht, das Handtuch über sie zu werfen. Die Taube fliegt auf den Tisch, tippelt aufgeregt herum, gurrt. Als Frauke das Handtuch aufheben will, flattert die Taube auf, fliegt über sie hinweg, berührt beinahe die Wand, trudelt etwas – und fliegt aus dem Zimmer.

»Sie ist weg«, sagt Frauke halblaut und legt sich wieder ins Bett.

»Schließt du das Fenster?«

»Auch das noch! Es ist so heiß. Wir gehen hier ein, wenn das Fenster ...«

»Stell es wenigstens auf Kippe.«

»Blödsinn«, erwidert Frauke, zieht die Decke über den Kopf, hält sich die Ohren zu, zieht ihre Beine an den Oberkörper, bis sie mit ihrem Kopf die Knie berühren kann. Sie tastet ihren Körper ab, erschreckt, als sie ihre Knöchel fühlt. Sie sind dick angeschwollen. Wenn sie in die Haut drückt, bleibt für einen Augenblick eine kleine Delle. Hanna Cramer rührt sich nicht. Frauke möchte ihr Atmen hören, ihre Angst, wünscht sich, Cramer würde nach ihr rufen. Sie schleicht sich zur Badezimmertür, horcht, presst ihr Ohr gegen die Tür.

»Frau Cramer?«

Hanna Cramer antwortet nicht.

»Ist Ihnen schlecht, Frau Cramer?«, fragt Frauke etwas lauter, öffnet die Badezimmertür. Hanna Cramer hockt immer noch neben der Toilette, den Kopf auf der Duschwanne. Sie dreht den Kopf etwas, richtet sich auf, schließt die Augen.

»Ist das Fenster geschlossen?«

»Ja, verdammt noch mal.« Frauke marschiert aus dem Badezimmer, schließt das Fenster laut.

»Sind Sie beruhigt? Ist furchtbar mit Ihnen.«

Hanna Cramer beginnt zu weinen. Zuerst kommen nur einige Tränen aus ihren Augenwinkeln, die sie verstohlen fortwischt. Dann beugt sie sich vornüber, legt sich auf den Boden, heult, schluchzt, hält sich ein Handtuch vors Gesicht. Furchtbar, denkt Frauke, beugt sich zu ihr hinunter, berührt ihre Schulter, zuckt dabei zusammen, als gehe ein Schmerz von der Berührung aus.

153

Hanna Cramer greift nach Fraukes Hand, hält sie fest, klammert sich an sie.

»Ist ja gut«, tröstet Frauke sie, streicht Hannas Haare zurück. »Ich habe schreckliche Angst davor«, sagt Hanna Cramer, »du kannst es dir nicht vorstellen.«

»Ist ja gut«, sagt Frauke wieder, »die Taube ist schon längst draußen. Kommen Sie raus und legen Sie sich ins Bett.«

»Bei Vögeln und Senf drehe ich durch«, erklärt Hanna Cramer, als sie aufsteht, »irgendein Erlebnis. Im Krieg, weiß nicht. Wenn ich Senf sehe, muss ich kotzen; wenn ich eine Senftube im Schaufenster sehe, kriege ich Schweißausbrüche. Bei Tauben und so hab ich immer Angst, die hacken mir die Augen aus.«

»Sind Sie deswegen hier?«, fragt Frauke.

»Nein.« Hanna Cramer lacht und schlägt mit der flachen Hand auf ihren Bauch. »Ich bin hier, weil ich zu fett bin.«

Sie setzen sich an den Tisch, Cramer holt eine Flasche Apfelsaft aus dem Schrank, trinkt hastig, entschuldigt sich bei Frauke, holt einen Zahnbecher, gießt Frauke etwas ein. Frauke trinkt aus der Flasche.

»Ich hab Angst gekriegt, als ich gesehen habe, dass Sie Angst haben«, sagt Frauke nach langem Schweigen.

»Blödsinn. Das ist mein Problem. Damit musst du dich nicht rumschlagen. Brauchst wegen mir keine Angst zu bekommen.«

»Geht es Ihnen besser?«

»Gut, dass du mit mir in einem Zimmer wohnst, sonst hätte ich bis morgen früh im Bad hocken müssen.«

Frauke muss lachen.

Hanna Cramer berichtet, wie das mit der Angst vor den

Tauben gekommen ist, damals, berichtet von ihren beiden Kindern, von ihrem Mann, den sie liebt. Sie knipst das Licht aus, und beide sitzen im Dunkeln am Tisch, das Fenster einen Spaltbreit geöffnet.

»Warum bist du in der Klinik, Frauke?«

»*Anorexia nervosa.*«

»Donnerwetter.« Hanna Cramer schlägt sich auf die Schenkel, dass es platscht. »Ich habe die Fresssucht!«

Frauke trommelt nervös auf der Tischplatte, stöhnt.

»Sie ...«, setzt sie ungläubig an, »Sie haben ...«

»Ich fresse, pausenlos. Kann gar nicht damit aufhören.«

»Sie fressen den ganzen Tag ...«

»Herrgott, ja. Nachts auch. Und außerdem: Du kannst Hanna zu mir sagen, wenn du willst.«

Hanna seufzt, beugt sich zu Frauke vor. »Was ist denn los mit dir, Frauke?«

Ohne zu antworten geht Frauke ins Bett, wünscht Hanna eine Gute Nacht.

Bevor Frauke am Morgen zur Therapie geht, muss sie zu einem Einzelgespräch mit Gisela Gorniak.

»Wie kommst du mit dem Essen klar?«

»Alles gegessen.«

»Seit gestern nicht erbrochen?«, fragt Gisela Gorniak misstrauisch nach, kaut auf dem Kugelschreiber.

»Nein«, antwortet Frauke gelangweilt, »Sie können mir glauben.«

»Wunderbar«, ruft Gorniak. Frauke nimmt es ihr nicht ab, es klingt unehrlich, gekünstelt, als habe Gorniak das auswendig gelernt.

»Bist du zufrieden, glücklich, Frauke?«

»Sicher«, antwortet sie, schließt die Augen und merkt, dass ihr schwindlig wird.

Dann kommen Stimmen wieder, Hände, die nach ihr greifen, an ihr zerren.

Es kommt der Bluttraum und die Erinnerung an Hanna Cramers entsetztes Gesicht.

»Wo wärst du jetzt am liebsten, Frauke?«

Frauke hebt ratlos die Schultern, und bevor Gorniak nachfragen kann, redet sie sich heraus: »Am liebsten wäre ich in Amerika.«

Gorniak lacht. »Schön«, lobt sie Frauke, »du kannst um elf zur Kreativitätstherapie gehen. Mal sehen, wie es weitergeht.«

»Was ist 'n das überhaupt?«

»Früher haben wir es ›Beschäftigungstherapie‹ genannt, aber jetzt ist es ganz anders.«

Hanna Cramer erwartet Frauke bereits auf dem Flur. »Wie ist es gelaufen?«

»Es ging so«, antwortet Frauke, »sie hat mich nur ausgefragt.«

156 Frauke geht schnell zu ihrem Zimmer, Hanna Cramer versucht Schritt mit ihr zu halten, gerät außer Atem. Frauke wühlt in ihrem Nachttisch, holt Schulbücher heraus, legt

sie aufs Bett, ordnet sie, blättert die Zettel durch, die Sabine und Birgit mitgebracht haben.

»Eine Hitze ist das!«, stöhnt Hanna Cramer.

»Du bist auch dick angezogen.«

»Meinst du?«, fragt Hanna Cramer unsicher.

»Ich würde ersticken, wenn ich das anhätte.«

Hanna Cramer holt ein Kleid aus dem Schrank, zieht sich aus, legt den Unterrock zusammen.

Fett. Sie ist dick und fett. Die Polster an den Hüften stehen ab, glänzen.

»Es ist alles verschwitzt, obwohl ich es nur eine Stunde lang getragen habe.« Hanna Cramer zieht ihre Unterhose aus, hebt sie mit dem Fuß auf ihr Bett.

Frauke sieht weg, dreht sich zum Fenster.

»Soll ich ins Bad gehen und mich umziehen?«

»Mach nur.«

Frauke dröhnt der Kopf. Sie mag nicht hinsehen, wie Cramer nackt vorm Kleiderschrank steht, den Schweiß mit dem Handtuch abreibt, die Hautwülste knetet. »Ich hab schon mal zwei Zentner gewogen. Im Moment bin ich beinahe schon vollschlank.«

Frauke geht an Hanna Cramer vorbei ins Bad, achtet darauf, sie nicht zu berühren, schließt hinter sich ab. Sie lässt kaltes Wasser über ihre Hände laufen, legt einen feuchten Waschlappen auf ihre Stirn. Mehrmals steckt sie ängstlich den Finger in den Mund, tastet sich bis in den Rachen vor, bis kurz vors Zäpfchen, zieht den Finger wieder zurück.

Ich habe keine Angst, redet Frauke sich Mut zu, presst die Fäuste gegen die Schläfen, geht wieder in ihr Zimmer. Hanna stellt sich vor sie.

»Ich bin hässlich.«

»Nein, Hanna, ein bisschen zu dick, zugegeben, aber nicht hässlich.« Frauke guckt Hanna Cramer an, bemüht sich, freundlich zu sein.

»Wenn etwas aus uns werden soll, müssen wir ehrlich zueinander sein«, sagt Hanna Cramer enttäuscht. »Ich bin hässlich. Fühl doch! Fetthaut. Sie steht ab, ist speckig. Manchmal denke ich, dass ich überhaupt keine Frau mehr bin. Bin einfach nur ein Ding, verstehst du? Nur ein Ding, das atmet und frisst.«

»Quatsch.« Frauke versucht Empörung in ihre Stimme zu legen.

»Schau mich an!« Hanna fasst nach Fraukes Kopf. »Guck!« Sie zeigt die Bauchfalten, die dicken Oberschenkel, macht einen kleinen Schritt. »Das wackelt wie Pudding.«

»Sie müssen nur drei Wochen«, beginnt Frauke, hält erschrocken ein, »du musst drei Wochen lang nichts essen, dann ...«

»Alles schon versucht. Brauchst mir nichts über Diät oder Fasten erzählen, das hilft nichts.«

158   »Musst du denn essen? Kannst du nicht einfach etwas weniger essen?«

»Es liegt nicht am Essen«, sagt Hanna, »es ist was ande-

res.« Frauke schaut auf Cramers Bauch, Cramer blickt auf Fraukes Nacken.

»Wir wollen keine Depressionen kriegen«, bricht Cramer das Schweigen, fasst Frauke an den Schultern, fährt mit dem Handrücken über deren Bauch.

»Du bist dünn, verdammt. Wie viel wiegst du?«

»Weiß nicht genau. Schätze siebenunddreißigdreiviertel.«

Cramer bleibt vor Staunen der Mund offen stehen, Frauke schaudert dabei, lacht dann zögernd, weiß nicht, ob sie nicht eher heulen will.

Gisela Gorniak nennt das ›Kreativitätstherapie‹. An einem Dutzend schmaler Werkbänke sägen Patienten, feilen oder kleben Holzstücke zusammen.

»Beginnen wir mit Ton«, bittet der Therapeut Frauke und Hanna Cramer, stellt sich als ›Bernd Massmann‹ vor, überlässt es den beiden, ob sie ihn duzen wollen, zeigt ihnen Ton. »Der Ton muss geschlagen werden, bis alle Luftbläschen heraus sind.«

Frauke stößt Hanna an, tippt sich gegen die Stirn, kichert.

»Wie der aussieht!«, tuschelt sie ihr zu.

»Ist doch egal«, erwidert Hanna Cramer, nimmt einen großen Klumpen hellgrauen Ton, teilt ihn mit einem Draht, gibt Frauke eine Hälfte davon. Der Therapeut stellt sich hinter die beiden, beobachtet sie aufmerksam. »Fester schlagen«, fordert er, behält die Hände in den Kitteltaschen.

Frauke nimmt den Tonklumpen, wirft ihn auf die Tischplatte, knetet ihn kräftig, schlägt mit der flachen Hand darauf.

»Formt eine Figur, eine menschliche Figur!«, sagt Bernd Massmann bestimmend. »Irgendetwas, das euch einfällt.«

»Bitte?«, fragt Hanna Cramer verwundert, »dürfen wir nicht machen, wozu wir Lust haben?«

»Bald«, antwortet der Therapeut, »lasst euch ganz auf die Therapie ein. Ihr werdet schon sehen, dass es besser ist.« Er geht zu den anderen Patienten, beachtet Hanna und Frauke nicht mehr.

Frauke kichert.

»Er sieht aus wie mein Vetter«, sagt Hanna Cramer, wartet, bis Frauke sie erstaunt ansieht, und setzt dann nach: »Mein Vetter ist Vertreter für Melkmaschinen.« Die beiden prusten los, versuchen sich zu beherrschen, lassen sich dann gehen, lachen, bis Tränen aus ihren Augen kommen und die anderen sich nach ihnen umdrehen.

»Macht weiter!«, fordert Massmann ungeduldig, »worüber kichert ihr denn so?«

»Nichts«, sagt Hanna Cramer ernst, nimmt einen kleinen Tonklumpen in die Hände, rollt ihn, formt einen Ring daraus. »Komisch, in der Schule bin ich immer die Lehrerin und verbiete den Kindern das Lachen. Und jetzt muss ich mich von einem Melkmaschinen-Heini kommandieren lassen.«

»Lehrerin?«, fragt Frauke überrascht.

»Deutsch und Englisch.«

»Auch das noch«, seufzt Frauke.

»Ich wäre lieber Prinzessin geworden, aber da war damals keine Stelle frei.«

»Prinzessin?«

»Oder Balletttänzerin.«

»Das ist nicht wahr.« Frauke schämt sich etwas, dass ihr dieser Satz so hart rausgerutscht ist, möchte sich am liebsten entschuldigen. Hanna Cramer grinst, beginnt einen großen Baum zu modellieren, der riesige Zweige hat. Sie ritzt mit einem Messer ein feines Rindenmuster in den Stamm.

»Sie sollten doch eine menschliche Figur machen.«

»Ich mache, was ich will«, widerspricht Hanna Cramer dem Therapeuten trotzig, »ich lasse mir nichts befehlen.«

Frauke rückt mit ihrem Stuhl nahe an den Tisch, schneidet mit dem Draht ein Quadrat aus dem Ton, ritzt schmale Linien ein, stellt einen kleinen Stamm darauf, baut eine Art Dach.

»Was soll das werden?«, fragt Massmann scheinbar gelangweilt, »sieht nicht nach Mensch aus.«

»Das ist ein Floß.«

Hanna nickt Frauke zustimmend zu.

Massmann zieht die rechte Hand bedächtig aus der Kitteltasche, reibt mit dem Handrücken über seine Nasenspitze.

»Was machen Sie mit dem Floß?«

Frauke würde ihn gern anrempeln, seinen Kittel zerreißen, ihn kratzen, ohrfeigen, nur damit er seine Fassung verliert, damit er nicht so hochnäsig neben ihr steht.

»Ich fahre mit dem Floß auf einem Fluss, was sonst!«

»Was machen Sie auf dem Fluss?«

»Fahren«, antwortet Frauke ärgerlich, »meinetwegen auch an einer Insel halten, Lagerfeuer machen, Wildschweine braten. Haben Sie nie *Huckleberry Finn* gelesen?«

»Fanden Sie das Buch gut?«, fragt Massmann, berührt mit den Fingerspitzen Fraukes Floß, drückt das Dach sacht ein. Frauke pfeift eine Melodie, zieht das Floß etwas zur Seite, schaut Massmann abweisend an.

»Wer darf mit auf Ihr Floß?«, will Massmann wissen, beugt den Oberkörper leicht vor.

»Meine Mutter«, antwortet Frauke sicher. Gleichzeitig ruft Hanna ihr zu: »Der will dich nur aushorchen.«

Massmann lächelt, nickt verständnisvoll, als habe er eine Lösung gefunden.

»Mein Vater, meine Freunde, die ganze Klasse, meine Verwandten und alle Leute aus der Klinik – die sollen natürlich auch auf das Floß, ist doch klar.« Frauke sagt das langsam, genießt es, wie das Gesicht Massmanns immer gespannter wird.

162

»Jetzt wissen Sie wohl nicht mehr weiter mit Ihrer handgestrickten Psychologie«, ruft Hanna Cramer laut, nimmt ihren Baum, klatscht ihn zu einem Klumpen zusammen. »Ich gehe«, sagt sie streng, »das ist das Stümperhafteste, das ich je erlebt habe.«

»Wohl Privatpatient«, ruft Massmann ihr nach, da steht Frauke empört auf, folgt Hanna nach draußen. Vor der Tür nehmen sie sich erschöpft in die Arme und lachen.

»Komm, Hanna, lass uns ins Dorf gehen. Ich halte es in der Klinik nicht mehr aus.«

»Du bekommst Ärger, du darfst doch noch nicht ...«

»Ich weiß.«

Hanna nimmt Frauke beiseite, hebt belehrend ihren Zeigefinger: »Nicht übermütig werden, Mädchen.«

»Eine Stunde!«, bittet Frauke. »Nur meinetwegen. Geh mit!«

»Deinetwegen mache ich überhaupt nichts. Ich möchte eine Stunde schlafen und mich ausspannen.«

»Dann lass uns spazieren gehen«, bettelt Frauke, »ich war so lange nicht mehr draußen.«

»Spazierengehen ist in Ordnung. Eine halbe Stunde.«

Frauke hakt sich bei Frau Cramer unter, sie gehen am Pförtner vorbei, grüßen ihn höflich, verkneifen sich eine Bemerkung. »Das tut gut!« Frauke macht einen Luftsprung, rennt ein paar Meter. Hanna Cramer folgt ihr langsam, wischt mit dem Ärmel den Schweiß von der Stirn.

»Als ich das letzte Mal draußen war, hat sich eine Frau aus dem Fenster gestürzt. Sie war sofort tot.«

»Du willst mir nur einen Schreck einjagen.«

»Nein«, beschwört Frauke und erzählt Hanna von der jungen Frau. Sie erzählt zum ersten Mal jemandem von dem Brief, den sie bei der jungen Frau gefunden hat.

»Denkst du oft daran, Frauke?«

»Ich hab's noch niemandem erzählt.«

»Jetzt könnte ich ein Eis essen.« Hanna Cramer geht vor Frauke in die Hocke. »Weißt du, als kleines Kind wollte ich immer Eis haben, wenn meine Mutter mir Märchen erzählt hat oder grausame Geschichten. Ein Eis kann die schlimmste Stimmung verbessern.«

Sie wartet darauf, dass Frauke begeistert zustimmt, zu lachen beginnt, und kratzt sich verlegen.

»Was ist los, Frauke?«

Frauke bricht einen Zweig ab, reißt die Blätter ab und zerreibt sie.

»Entschuldige, ich hatte das vergessen.«

»Ich kann kein Eis essen, wenn ich über eine Frau gesprochen habe, die sich umgebracht hat.«

»Meinst du, dein Hungern macht sie wieder lebendig?«

»Nein«, antwortet Frauke, »das weiß ich auch.«

▌▌▌

Hanna Cramer leckt mit der Zungenspitze Erdbeer-
eis vom Löffel, lässt es genüsslich auf der Zunge
zergehen, schluckt es hinunter, da ist es schon nicht
mehr kalt. Frauke spielt mit dem Glasaschenbecher,
dreht ihn um, schiebt ihn über den Tisch, fährt mit
den Fingerspitzen über die Kanten.

»Wie fühlt man sich mit siebenunddreißigdreiviertel?«

»Keine Lust.«

»Fühlst du dich wohl dabei?« Cramer leckt den Eis-
becher aus, wischt einen Stippen von ihrer Nasenspitze, schleckt den Löffel ab. »Köstlich. Das wird
das letzte Eis für die nächsten Wochen sein.
Schade.«

»Red nicht drüber. Mir wird schlecht.«

»Ach was.«

»Mir ist schon schlecht«, beteuert Frauke.

»Ich muss mit dir doch über ein Eis reden können. Ich verstehe dich nicht. Man ist doch nicht so empfindlich.«

»Können wir gehen?«, fragt Frauke verärgert, steht auf.

»Hilfe!«, murmelt Cramer, zahlt an der Theke, geht noch
kurz zur Toilette. »Komm, Frauke, bevor du total schwer-
mütig wirst.« Sie hakt sich bei Frauke unter, macht zwei,
drei kleine Schritte, da ruft die Wirtin:

»Junge Frau, warten Sie bitte!«

Frauke reißt sich von Hanna los, springt zwei Treppenstufen hinunter. Hanna Cramer ist verwirrt, versucht Frauke nachzueilen. »Warte, Frauke!«

»Sie hat einen Aschenbecher gestohlen!«, ruft die Wirtin, baut sich vor Hanna auf, packt sie am Ärmel. »Sie sind auch aus der Hochtal-Klinik, stimmt's?«

»Entschuldigen Sie bitte«, sagt Hanna Cramer resolut, reißt sich los, »ich bin ihre Mutter.«

»Ihre Tochter hat einen Aschenbecher unter ihrer Bluse versteckt.«

»Frauke!«, schreit Hanna Cramer energisch.

Frauke trottet langsam zurück, wagt Hanna nicht anzusehen, holt unter ihrem T-Shirt einen Aschenbecher hervor, hält ihn der Wirtin hin.

»Ich werde den Vorfall der Klinik-Leitung mitteilen.«

»Das werden Sie nicht tun«, erwidert Hanna Cramer bestimmt, »ich kann meine Tochter erziehen, wie ich will.«

Sie drückt der Wirtin einen Zehnmarkschein in die Hand, wendet sich verärgert ab.

»Verhältnisse sind das«, ruft die Wirtin empört, steckt das Geld ein und verfolgt vom Fenster aus, wie Frauke und Hanna Cramer zurückgehen.

»Du bist ein Knallarsch!«, sagt Hanna wütend.

Frauke bleibt stehen, schließt die Augen, macht einen kleinen Schritt nach vorn. »Entschuldige, Hanna.«

»Warum hast du das getan?«

»Weiß nicht. Ist einfach so passiert. Bist du jetzt sauer?«

»Hättest mich nicht mit hineinziehen sollen. Wenn ich nicht gesagt hätte, dass du meine Tochter bist, wäre sie wahrscheinlich zur Klinik gelaufen und hätte dich angeschwärzt.«

»Soll sie doch«, erwidert Frauke, spuckt aus und tritt einen Kieselstein mit den Schuhspitzen zur Seite. »Dann schmeißen sie mich endlich raus.«

»Was ist los mit dir?« Hanna Cramer stellt sich Frauke in den Weg, lächelt sie an, als wolle sie ihr helfen.

»Ich möchte heute Abend mal 'ne Stunde allein im Zimmer sein.«

»Warum sagst du das denn wie ein Beerdigungsunternehmer! Kannst es klar sagen, ist völlig in Ordnung. Ich lasse dich heute Abend in Ruhe, du verschwindest morgen Abend. Alles klar?«

»Ich blick nicht mehr durch«, sagt Frauke, »ich weiß nicht mehr, wo es langgeht.«

Endlich Ruhe halten. Endlich allein sein, nur für mich.

Später geht Frauke im Zimmer herum, betrachtet jedes Möbelstück, als wolle sie es vermessen, schaut lange aus dem Fenster nach draußen. Dann, als habe sie darauf gewartet, träumt sie. Ein neuer Traum, den sie noch nicht kennt.

Sie spaziert in einem dämmrigen Zimmer herum, das keine Fenster hat, Streicht mit den Händen über eine Wand. Sofort bleibt eine Hand am Putz kleben, lässt sich nicht mehr lösen. Frauke versucht mit allen Kräften, sich fortzubewegen, ihre Füße rutschen weg, sie fällt auf die Knie, streckt die Hand zur Tür, schnappt nach der Türklinke, bekommt sie gerade zu fassen. Sie kann sich kaum noch halten, es ist ihr, als werde sie auseinander gerissen. Da rücken die Wände näher aneinander, die Tür öffnet sich. Sie lässt die Türgriffe los, sieht einen freundlichen Flur, der hell erleuchtet ist. Wärme strömt ins Zimmer. Ihre Hand bleibt fest mit der Wand verbunden, die Innenflächen sind wie aufgerissen. Plötzlich kippt der Raum, sie hängt an ihrer Hand fest, schwebt im Raum und fühlt sich leicht, schwerelos.

Morgens um neun bittet Frau Gorniak die beiden zum Gruppengespräch. Sechs Patienten sitzen in einem Kreis um einen Stuhl.

»Stell dich bitte den anderen vor«, bittet Frau Gorniak Frauke, führt sie in die Mitte. Frauke nennt ihren Namen, ihr Alter.

»Warum bist du hier?«, fragt einer sofort.

»*Anorexia nervosa*«, antwortet Frauke kurz.

»Wieso, verstehe ich nicht«, ruft ihr einer der Patienten zu. Frauke schweigt, fährt mit der Zunge über ihre Lippen, schaut gelangweilt die anderen Patienten an. Hanna Cramer zwinkert ihr zu.

Die Patienten nennen kurz ihre Namen und ihr Alter und fragen Frauke aus. Warum sie diese Krankheit habe, wie es damit angefangen habe, was sie zu Hause gemacht habe. »Wie lange bist du schon hier?«, fragt einer.

»Es können vier Wochen sein«, antwortet Frauke unsicher, rechnet nach und ist bestürzt darüber, dass sie die Tage nicht gezählt hat, die sie schon in der Klinik verbracht hat.

»Warum möchtest du zu uns in die Gruppe?«

»Ich will gar nicht«, antwortet Frauke selbstsicher, »Frau Gorniak meint, wir sollten ...«

»Du willst nicht zu uns?«, fragt eine Frau nach, die vorher kurz mitgeteilt hat, sie habe eine schwere Operation hinter sich und wolle in der Hochtal-Klinik neuen Mut finden. »Du willst nicht zu uns?«, wiederholt sie lauter und setzt nach: »Hast du Angst, Frauke? Warum willst du nicht in die Gruppe?«

Die anderen warten gespannt auf Fraukes Antwort, blicken sie an. Hanna Cramer hat die Augen geschlossen, reibt nervös die Hände aneinander.

»Was willst du nicht von dir verraten?«, fragt ein anderer.

»Du willst nicht mit uns reden, stimmt's? Du weißt mit dir selbst nichts anzufangen!«

Gorniak lässt die Gruppenmitglieder reden, notiert nur hin und wieder etwas, schaut reihum.

Die Gruppenmitglieder erscheinen Frauke gesichtslos, unberechenbar. Sie sind Fragemaschinen, denkt Frauke. Gorniak hat sie zu Maschinen gemacht, die andere Menschen fertig machen sollen. Die freuen sich, wenn sie mich ausfragen dürfen. Die wollen Spaß mit mir haben, sonst nichts.

»Was erwartest du von der Gruppe?«, fragt Gorniak.

»Nichts«, antwortet Frauke, »gar nichts.«

»Frau Cramer, machen Sie weiter?«

»Nein«, antwortet Hanna Cramer sicher, »ich kann mich einer Gruppe nicht stellen, die ich nicht kenne. Ich erzähle nicht jedem Menschen meine Geschichte.«

»Wir sind nicht jeder!«, ruft ein Gruppenmitglied dazwischen. »Wir helfen uns gegenseitig, damit wir mit uns besser klarkommen. Zum ersten Mal in meinem Leben habe ich eine Gruppe gefunden, in der ich mich aussprechen kann.«

»Schon möglich«, sagt Hanna Cramer, »für Sie vielleicht, aber nicht für mich.«

»Alle wehren sich so, wenn sie das erste Mal kommen. Nachher finden sie die Gruppe dann gut.«

»Ich nicht«, wirft Frauke ein, »nie im Leben.«

170 Gorniak klatscht leise in die Hände. »Gut«, ruft sie, »die Stunde ist zu Ende. Können wir eine Entscheidung treffen?«

»Abstimmung!«, ruft die Frau.

Die Gruppenmitglieder stimmen ab, als würden sie wie Marionetten geführt. Sofort sind die Finger oben.

»Fünf zu eins«, zählt eines der Gruppenmitglieder ab. »Ihr seid zur Probe aufgenommen. In drei Wochen entscheiden wir endgültig.«

»Warum das denn!«, schimpft Frauke. »Das darf nicht wahr sein!«

»Doch«, erwidert Gorniak lächelnd, »die Gruppe hat den Eindruck von euch, dass ihr ehrlich seid und eure Meinung sagt. Das ist das Wichtigste.«

»Wollen Sie mich hochnehmen?«, fragt Hanna Cramer.

Frauke hört schon nicht mehr hin.

Sie spielen mit dir, denkt sie, sie machen mit dir, was sie wollen. Die sind nicht ehrlich und wollen von uns, dass wir ehrlich sind. Die erfahren von mir kein Wort.

»Eine solche Gruppentherapie habe ich noch nie miterlebt«, sagt Hanna Cramer, verabschiedet sich von Frau Gorniak, geht eilig aus dem Zimmer. »Blöde Kuh«, flucht sie, so laut, dass Gorniak es bestimmt hören kann.

Frauke rennt mit Hanna in den Speisesaal, beide keuchen und schnaufen. »Zwei Mohrenköpfe und eine Schokolade«, bestellt Frauke laut, lässt das Tablett stehen.

»Endlich mal was Vernünftiges«, nuschelt sie, stopft gleich den zweiten Mohrenkopf nach, »das schmeckt besser, als dieser elende Grieß-Sahne-Brei oder die verdammte Grünkernsuppe.«

»Meine Fresse, was haust du heute rein. So hab ich dich noch nie gesehen.«

»Fertig.« Frauke stöhnt, lehnt sich zurück, springt auf, rennt gleich zur Toilette.

Sie bekommt panische Angst, als sie feststellt, wie leicht es ihr fällt zu erbrechen. Mit einem Schwall kommt alles aus ihr heraus, es tut nicht einmal weh.

»Du musst heute Abend nicht fortgehen, ich brauche keine Ruhe.«

»Danke, Hanna.« Frauke zieht die Decke über ihren Kopf, versucht zu schlafen.

»Geht es dir schlecht, Frauke?«

»Ich krieg das in meinem Kopf nicht mehr zusammen, die Gruppe, die Klinik, dich, mich. Ich glaube, mein Kopf ist zu klein.«

»Ach«, sagt Hanna staunend, »Donnerwetter.«

Es ist Frauke, als falle sie weit zurück, als habe sie keinen Halt mehr. In den nächsten Tagen erscheint sie unruhig zu den Mahlzeiten, isst, was für sie vorbereitet ist, bestellt Zusatzportionen. Danach erbricht sie alles wieder. Sie geht mit Hanna Cramer zum Gruppengespräch, verfolgt, wie sich einzelne Gruppenmitglieder in die Mitte setzen, über ihre Probleme berichten und die Gruppe um Lösungen und Kritik bitten. Frauke hört zu und schweigt. Am liebsten geht sie mit Hanna Cramer heimlich spazieren, redet nur ganz wenig.

Hanna Cramer spricht Frauke nicht darauf an, dass sie beobachtet, wie Frauke erbricht. Sie erwähnt nicht, dass ihr Jürgen Brenner erzählt hat, er mache sich Sorgen um Frauke. Hanna Cramer denkt an ihre Diät, ängstigt sich vor der drohenden Fastenkur. Sie schaut neidisch auf Frauke, wenn die Mohrenköpfe verschlingt, einen Sahnebrei aufschleckt, zartes Fleisch schneidet. Nacheinander müssen Frauke und Hanna morgens bei Dr. Weisser auf die Waage.

Frauke wiegt siebenunddreißig Kilo.

Hanna hat ein halbes Pfund zugenommen.

»Umgekehrt wäre es hundertmal besser«, sagt Dr. Weisser und lacht, als habe er einen Witz gemacht.

Hanna und Frauke verschlägt es die Sprache.

»Solltest du noch mehr Gewicht verlieren, dürfen deine Eltern übermorgen nicht zu uns kommen«, droht Gisela Gorniak Frauke beim Einzelgespräch. »Hast du das verstanden, Frauke? Du musst wieder an den Tropf, wenn das so weitergeht.«

»Wird schon nicht passieren«, sagt Frauke gelangweilt, als interessiere sie das nicht.

Gisela Gorniak führt sie in ein Nebenzimmer, zeigt auf einen großen Karton, der auf einem blauen Glastisch steht. »Sieh nach!«

Frauke schiebt den Karton mit Figuren und Puppen, kaum dass sie hineingeblickt hat, zur Seite. »Habe keine Lust auf Kasperletheater.«

»Spiel! Nimm Puppen, die dir gefallen, und spiel etwas.«

»Mir fällt nichts ein.«

»Spiel ein Märchen.«

Missmutig packt Frauke in den Karton, greift wahllos einige Puppen heraus, stellt sie auf den Glastisch, ordnet sie in einem Kreis an, daneben postiert sie die Figur eines älteren Mannes.

»Ein Schiff gerät in einen starken Sturm«, erzählt sie eintönig, »der Mast bricht. Der Kapitän ruft den Leuten zu, sie sollen ins Rettungsboot gehen, weil das Boot gleich sinkt. Aber die Leute wollen nicht, weil sie Angst haben, dass das Rettungsboot zu klein ist. Niemand ist in seinem Leben in einem so kleinen Boot gewesen. Das Schiff sinkt. Da holt der Kapitän eine Pistole und schreit, er erschießt jeden, der nicht sofort ins Rettungsboot geht. ›Mir ist es egal‹, schreit einer der Leute. ›Wenn ich ins Boot gehe, ersaufe ich, wenn ich auf dem Schiff bleibe, erschießt du mich.‹«

»Erzähl weiter, Frauke!«

»Fertig. Zu Ende. Ich habe das mal in einem Kinderbuch gelesen. Blödes Gerede, nicht?«

»Du hast das wirklich in einem Kinderbuch gelesen?«, fragt Gorniak misstrauisch, setzt die Brille ab.

Frauke packt die Figuren zusammen, wirft sie in den Karton. »Ich wusste, dass Sie mir nicht glauben«, sagt sie enttäuscht.

»Magst du keinen Blumenkohl?«

»Doch«, antwortet Frauke abwesend, nimmt eine Rosette, schiebt sie in den Mund, zerkaut sie mechanisch.

»Übermorgen kommen meine Eltern«, sagt sie leise. Frau Cramer schlägt die Hände entsetzt zusammen.

»Nicht so schlimm«, wirft Frauke ein, »die kommen nur, wenn ich nicht mehr abnehme. Wenn ich bis morgen früh ein Viertelpfund weniger habe, dann müssen sie zu Hause bleiben.«

Die beiden gehen nach dem Essen zu ihrem Zimmer. Frauke wird immer langsamer, je näher sie ihm kommen.

»Bleib draußen«, bittet sie Hanna.

»Quatsch.« Hanna betritt als Erste das Zimmer. »Komm rein«, ruft sie.

Frauke huscht ins Badezimmer, steckt sich den Finger in den Hals. Ihr Rachen schmerzt, die Haut zieht sich zusammen, als wolle sie die Berührung abwehren.

»Willst du kotzen?«

»Hau ab!«

»Mach doch.« Hanna Cramer streichelt Fraukes Nacken, klopft ihr auf die Schultern. »Meinst du, ich wüsste nicht, was mit dir los ist!«

Frauke schiebt den Finger etwas vor, sie bekommt keine Luft mehr, hält sich am Rand der Duschwanne fest, schwankt, ringt nach Luft.

»Kind!«, schreit Hanna Cramer, fasst Frauke unter die Arme, zieht sie hoch, schleppt sie zum Bett. »Schon in Ordnung.« Frauke röchelt, hustet, hält sich das Kopfkissen vor den Mund. Frau Cramer sieht ihr ängstlich zu.

»Du hast dich ziemlich erschreckt, nicht?«, fragt Frauke.

»Hab nicht gedacht, dass du Ernst machst.«

»Ich mache immer Ernst.«

»Alle Achtung«, sagt Hanna Cramer und fährt mit dem Handrücken über ihren Mund, als hätte sie etwas Verbotenes gesagt.

Am Abend kommt Frau Gorniak zur Frauke. »Du weißt, dass deine Eltern kommen?«

Frauke nickt.

»Wir werden miteinander reden, einfach alles erzählen, was wichtig ist, was wir voneinander wissen müssen. Es ist sehr wichtig, dass wir das lernen.«

»Ach so«, sagt Frauke, »das hört sich einfach an.«

»Wir werden es versuchen. Vielleicht dauert es sehr lange.«

Nachts kann Frauke nicht schlafen und erzählt Hanna ihren Krakentraum.

»Fraukeliebling!« Frau Wanters Stimme klingt schrill und etwas unsicher. Sie breitet ihre Arme aus, läuft auf Frauke zu. Frauke hält ihr die Tür des Besprechungszimmers auf, weicht einen Schritt zurück, hält ihrer Mutter die Hand hin. Frau Wanter stoppt, umfasst Fraukes Hand, drückt sie heftig an ihren Körper.

»Wir haben so lange darauf gewartet! Gut siehst du aus!«

»Tag, Frauke!« Herr Wanter stellt sich hinter seine Tochter, berührt mit den Fingerspitzen ihre Schultern.

»Ich bin froh, dass du zugenommen hast. Gott sei Dank.«

»Grüß euch.« Frauke wirkt schüchtern, bietet ihren Eltern verlegen Platz an.

Gisela Gorniak fragt, wie die Fahrt gewesen sei, sagt ein paar nette Sätze, unterbricht sich, holt tief Luft.

»Um es vorweg zu sagen: Es geht hier nicht darum, ihre Tochter zu besuchen oder ein paar Artigkeiten auszutauschen, sondern es geht um Familientherapie. Sie hatten alle lange Zeit, um nachzudenken. Frauke hat ein Basisgewicht erreicht, sodass sie wieder klar denken und entscheiden kann. Jetzt ist also eine gute Gelegenheit, miteinander zu reden. Wie lange wir benötigen, hängt von uns allen ab.«

»Wann darf Frauke nach Hause?«, fragt Frau Wanter, kaum dass Gisela Gorniak ihren Satz beendet hat.

»Sollen wir uns nicht zuerst darüber unterhalten, wie es zu Fraukes Krankheit gekommen ist, wie es bei Ihnen zu Hause zugeht? Vielleicht müssen dort einige Dinge verändert werden.«

»Ich habe diesen Augenblick erwartet wie nichts auf der Welt«, sagt Frau Wanter. »Frauke, du kannst dir nicht vorstellen, wie glücklich du uns machst.«

Frauke sitzt regungslos am Tisch, die Hände gefaltet. Die Stimmen ihrer Eltern erscheinen ihr fremd, als hätten sie ein langes Echo und würden von den Wänden immer wieder zurückgeworfen.

Frau Gorniak bittet die Eltern und Frauke zu erzählen, wie die letzten Wochen gewesen seien, wie es überhaupt zum Problem gekommen sei, dass Frauke in die Klinik habe gebracht werden müssen.

Frau Wanter beginnt gleich, sie sei mehrfach in der Schule gewesen, um sicherzustellen, dass Frauke das Schuljahr nicht wiederholen müsse. Sie habe mit dem Direktor über Nowatzki gesprochen, der Frauke so übel mitgespielt habe.

»Gelitten habe ich«, sagt sie mit schmerzerstickter Stimme, »weißt du, Frauke, dass ich einen Herzanfall hatte? Ich hätte um ein Haar auch ins Krankenhaus gemusst. Hätte ich nicht gehört, dass es mit dir aufwärts geht, wer weiß vielleicht ...«

»Barbara, lass die alten Geschichten.« Herr Wanter beugt sich näher zu Frauke vor. »Es ist alles vorbei. In ein paar Wochen wiegst du fünfundvierzig Kilo, dann kommst du nach Hause. Währenddessen hat Mutti sich ebenfalls gut erholt, dann ist alles in Ordnung.«

178

»Mein Gott, Kind, was habe ich mir Sorgen um dich gemacht!«, seufzt Frau Wanter.

»Hör mit den alten Geschichten auf, die sind vorbei!«, zischt Herr Wanter seiner Frau zu. Frau Wanter ringt nach Luft, versucht die Fassung zu bewahren, schaut Frauke streng an. »Was meinst du dazu, Kind?«

»Ich wiege etwas mehr als siebenunddreißig«, antwortet Frauke, richtet ihren Oberkörper auf, legt die Hände auf ihre Oberschenkel, umklammert sie.

»Sie haben von vierzig Kilo gesprochen, Frau Gorniak«, ruft Frau Wanter empört.

»Gewichtsschwankungen dieser Art können schon manchmal vorkommen«, sagt Frau Gorniak gelassen, wendet sich dann Herrn Wanter zu: »Was ist in den letzten Wochen bei Ihnen zu Hause geschehen?«

»Nichts«, entfährt es Frauke.

»Kind«, sagt Herr Wanter scharf, »wir reißen uns jetzt alle zusammen, dann geht es.«

Sie sind wie immer.

Ich soll nach Hause kommen, damit sie ihre Ruhe haben.

Gleich wird Mutter schlecht und Vater muss ihr ein Glas Wasser bringen. Heute Abend wird sie eine Migräne bekommen und Vater wird einen Geschäftstermin haben.

Sie sind schlimmer als vorher.

Sie hassen sich.
Mit ihren Blicken bringen sie sich um.

»Wann hatten Sie zum ersten Mal in der Familie eine größere Auseinandersetzung?«

»Daran kann ich mich nicht mehr erinnern!« Herr Wanter schüttelt verständnislos den Kopf. »Muss das denn sein! Wäre es nicht wichtiger, wir würden nach Gemeinsamkeiten, nach positiven Dingen suchen!«

»Wegen der Erbsensuppe!«, sagt Frauke.

»Das war doch nichts, Frauke. Hör doch auf!«

»Doch, doch!« Frau Wanter erhebt sich. »Das war typisch«, erzählt sie, »du wolltest unbedingt einkaufen und solltest Erbsen mitbringen. Du weißt, wie gern Frauke und ich Erbsen mögen. Was hast du dann mitgebracht: Linsen! Dabei wird uns von Linsen schlecht, das weißt du ganz genau. Aber das war typisch für dich.«

»Das ist Jahre her, Barbara!«

»Ich vergesse es nie, weil es typisch ist«, sagt Frau Wanter.

»Ich habe doch noch am gleichen Tag Erbsen besorgt!«

»Aber vorher hattest du sie vergessen. Du denkst nur an dich und die Firma. An uns denkst du zuletzt.«

»Womit wir wieder beim Thema wären.« Herr Wanter

macht die Stimme seiner Frau nach, sagt dann entschieden: »Ich möchte nicht mehr darüber sprechen, nicht hier.«

Frau Wanter entschuldigt sich bei ihrem Mann, zieht sich zurück, greift nicht mehr ins Gespräch ein. Ihre Augen sind gerötet, ihre Wangen aufgedunsen. Herr Wanter spricht mit Frauke, fragt sie aus, ob sie überhaupt weiter das Gymnasium besuchen wolle oder ob sie in seiner Firma eine Lehre beginnen wolle.

»Wie empfanden Sie das Gespräch?«, unterbricht Frau Gorniak das Fragespiel Herrn Wanters.

»Ich hoffe, wir können Frauke bald wieder mit zu uns nach Hause nehmen«, antwortet er beleidigt.

»Das soll eine Therapie sein!«, empört sich Fraukes Mutter, »ich kann viel besser mit ihr umgehen, wenn wir zu Hause zusammen sind, allein.«

»Was ist mit dir, Frauke?«, fragt Gisela Gorniak.

»Ich will nicht!«

»Was?«, fragen Herr und Frau Wanter zusammen.

»Ich will nicht. Das ist alles.«

Frauke sitzt aufrecht, beobachtet die entsetzten Gesichter ihrer Eltern, lässt sich davon nicht beeindrucken.

»Du bringst mich noch ins Grab«, flüstert Frau Wanter, als solle Gisela Gorniak es nicht hören.

»Nächste Woche um die gleiche Zeit?«, fragt Gisela Gorniak geschäftsmäßig, sieht nur Herrn und Frau Wanter an.

»Wenn es unbedingt sein muss. Aber was das bringen soll, weiß ich nicht.«

»Barbara«, unterbricht Herr Wanter seine Frau, »es wird Frauke schon helfen, wenn wir einmal in der Woche kommen.«

Frauke geht ohne sich von ihren Eltern zu verabschieden auf ihr Zimmer.

»Ich will nicht!«,

schreit sie laut,

»sie können mir nichts mehr. Das sind nicht meine Eltern. Quälmaschinen sind das.«

»Hast du es ihnen gesagt?«, fragt Hanna vorsichtig. Frauke schüttelt den Kopf.

»Lass dich nicht unterkriegen. Weitermachen, Frauke.«

»Weitermachen? Womit?«

»Mit dir!«

Nachts hat Frauke noch einmal den Krakentraum.

Sie hört wieder die Schreie und das laute Rufen der Eltern. Mit den Scheren an ihren Händen schneidet sie ihre Ohren ab, dreht sich um, wischt das Blut vom Boden auf.

Sie hört keine Stimmen mehr.

III

Am nächsten Morgen wacht Frauke spät auf. Regungslos marschiert sie zum Speisesaal, grüßt Hanna oberflächlich, isst ohne ein Wort, geht dann zum Einzelgespräch zu Frau Gorniak, dann nimmt sie am Gruppengespräch teil.

Sie fragt nicht, gibt nur kurze Antworten.

Mittagessen.

Nachmittagskaffee.

Abendessen.

Schlafen.

Frühstück.

Gespräche.

Immer wieder.

Frauke gewöhnt sich an den neuen Trott, macht mit, isst, was ihr vorgesetzt wird, sagt, was von ihr verlangt wird.

Sie beginnt ein Tagebuch zu führen, in dem sie auflistet, was sie tut und was sie isst. Jeden Tag das Gleiche.

Alle zwei Tage wird Frauke gewogen.

Ihr Gewicht steigt sehr langsam.

Jeden Tag ein paar Gramm mehr.

Frauke beobachtet die Gewichtseintragungen Dr. Weissers nicht. Sie geht an Spiegeln vorbei, ohne hineinzusehen. Sie isst im immer gleichen Rhythmus, ohne darauf zu achten, was sie isst. Die Schwellungen an den Knöcheln gehen zurück, ihre Haut wird etwas straffer, die Haare fallen nicht mehr aus.

Neununddreißig Kilo.

Jeden Tag ein paar Gramm mehr. Frauke denkt nicht mehr nach.

Sie unterhält sich mit Hanna, ohne eine Viertelstunde später noch zu wissen, worum es im Gespräch ging.

Einmal in der Woche kommen ihre Eltern. Frauke sagt in den Gesprächen nichts über sich. Die Eltern streiten sich, machen ihr Vorwürfe, bitten sie nach Hause zu kommen.

Nach den Elterngesprächen heult Frauke sich eine halbe Stunde aus, geht dann zum Essen – ohne nachzudenken.

Neununddreißigeinhalb.

Dann ein paar Tage wieder etwas weniger.

Gorniak kommt nachmittags bei ihr vorbei. »Was willst du?«, fragt sie eindringlich.

»Weiß ich nicht«, antwortet Frauke tonlos, dann sagt sie ganz sicher: »Nichts.«

»Bald hast du vierzig Kilo, dann kannst du mal raus – ist das nichts?«

»Doch«, gibt Frauke nach einer langen Pause zu.

»Willst du überhaupt raus – willst du überhaupt nach Hause?«

»Das fragen Sie immer, Frau Gorniak.«

»Du beantwortest die Frage auch nie.«

Frauke schweigt, betrachtet ihre Hände,

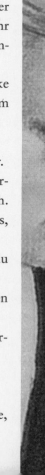

faltet sie verlegen. »Warum nimmst du nicht mehr zu? Erbrichst du wieder heimlich?«

»Nein!«, streitet Frauke heftig ab.

Sie kann sich nicht mehr vorstellen, den Finger in den Hals zu schieben, das Zäpfchen zu berühren, zu erbrechen, den schalen Geschmack im Mund zu spüren.

Das ist vorbei.

Ich bleib so.
Neununddreißigeinhalb.
Ich will mich. Das ist nicht mehr.

Hanna Cramer hält strenge Diät, bekommt jedes Gramm, das sie zu sich nimmt, genau abgewogen. Zweimal hat Hanna in den letzten Wochen Besuch bekommen, jeweils für zehn Minuten. Ihr Mann hat bei ihr auf der Bettkante gesessen, nach Gesprächsstoff gesucht und umständlich Geschichten von seiner Arbeit erzählt. Dann hat er sie behutsam auf die Stirn geküsst, ist verlegen gegangen.

Hanna hat den Lidschatten wieder abgewischt, sich geduscht, aufs Bett gesetzt.

»Merkwürdig«, hat sie Frauke gesagt, »wir wissen, dass wir uns lieben, aber wir merken nichts davon.«

»Vierzig Kilo.« Frauke sagt es niedergeschlagen.

»Freu dich, Frauke, dann kannst du jetzt raus. Du hast es geschafft.«

»Ich hab nichts geschafft«, sagt Frauke. »Das kommt alles von außen.«

»Wer hat dir diesen Mist erzählt?«

»Bin ich allein draufgekommen.«

»Verdammt«, flucht Hanna, »jetzt fängst du noch zu denken an.«

»Ist alles von außen«, wiederholt Frauke eindringlich, »jedes Gramm. Wenn ich entlassen werde, kriege ich ein Schild um den Hals: Product of Krankenkasse and Klinik. Vielleicht machen sie mir auch 'n Stempel auf den Hintern: ›Made in Klinik‹.«

»Was soll daran so schlimm sein?«, versucht Hanna Fraukes Kritik etwas abzuschwächen, glaubt selbst nicht an ihren Einwand.

»Dann bin ich nichts mehr, verstehst du?«

»Nein.«

»Diese vierzig Kilo, die sind schlimmer, als wenn ich tot wäre!«

»Stimmt«, sagt Hanna Cramer, nimmt Frauke in den Arm, drückt sie an sich, fängt an zu heulen, wischt die Tränen verstohlen fort. »Jetzt sind wir aber ziemlich sentimental geworden – oder?«

Frauke steht unschlüssig vor Hanna, geht ein Stück zurück. »Mensch, Frauke! Ich will essen gehen. Reinhauen ohne nachzudenken, ohne nachzurechnen. Nur ein einziges Mal so richtig spüren, dass noch was mit mir los ist.«

»In Ordnung«, antwortet Frauke sofort, »ich kann zugucken, wenn es dir nichts ausmacht.«

Hanna wirft ein Kleid über, das ihr viel zu weit geworden ist, nimmt Frauke in den Arm.

»Einmal Cordon bleu, als Nachspeise einen großen Früchtebecher.«

»Möchten Sie etwas trinken?«

»Ein Bier!«, bestellt Hanna Cramer fröhlich. »Und Sie, junge Frau?«

»Mineralwasser«, sagt Frauke nachlässig, betrachtet fasziniert die Kneipenausstattung, zeigt auf ein ausgestopftes Wildschwein, das auf der Fensterbank steht. »Cordon bleu kostet 32 Mark!«

»Egal.« Hanna Cramer winkt ab. »Wenn ich sündige, dann richtig.«

»Der Kellner geht, als hätte er einen Besenstiel verschluckt«, tuschelt Frauke Hanna zu und kichert.

»Lass ihn.«

Hanna kann es kaum erwarten, bis der Kellner Frauke Mineralwasser ins Glas gegossen hat. »Prost!«, ruft sie fröhlich, setzt ihr Bierglas schnell an die Lippen und trinkt gierig.

Frauke und Hanna sitzen einander gegenüber, prusten los. »Wer hätte das gedacht!«, sagt Hanna und lacht.

»Einmal Cordon bleu.« Der Kellner bugsiert Kroketten und das Fleisch elegant auf Hannas Teller, bringt einen großen Teller frischen Salat und wünscht Guten Appetit. Hanna tastet nach der Gabel, berührt sie, zieht ihre Hand ein Stückchen zurück, nähert sich der Gabel wieder, zittert, nimmt sie, sticht ins Fleisch.

»Wie schmeckt's?«, fragt Frauke.

Hanna lässt die Gabel fallen. »Ich schaff's nicht«, sagt sie.

»Das darf nicht wahr sein.«

Frauke rückt näher an den Tisch, nippt an ihrem Mineralwasser, nimmt die Gabel in die Hand, kratzt etwas Kruste vom Fleisch. »Es sieht toll aus.«

»Wahnsinnig«, stimmt Hanna zu, »ich versuch's noch einmal.« Wieder nimmt Hanna Cramer die Gabel, sticht resolut ins Fleisch, packt das Messer, beginnt ein Stück abzuschneiden, betrachtet es, hebt es hoch. Ein dünner Käsefaden spannt sich zwischen Gabel und Teller.

»Ich muss gleich kotzen.«

»Bloß nicht«, ruft Frauke. Sie schnuppert, zieht den Teller näher zu sich heran. »Riecht fantastisch. Gut gewürzt. Könnte Thymian sein oder Salbei.«

»Frauke!« Hanna Cramer seufzt entnervt, hält sich ihren Bauch. »Hör auf, Frauke!«

»Du darfst das herrliche Fleisch nicht kalt werden lassen, Hanna.« Frauke nimmt Hanna die Gabel aus der Hand, öffnet ihren Mund langsam. Ihre Hand wird schwer, ihr Arm verkrampft sich, als wolle er die Gabel mit Gewalt

von ihr weghalten. Frauke tippt mit der Zungenspitze an den Käsefaden, schmeckt. »Fantastisch!« Sie knabbert das Fleischstückchen von der Gabel, lässt es auf der Zunge liegen, wartet, dass sie den Fleischgeschmack spürt, das Käsearoma.

Es wird warm in ihrem Mund.

»Toll.«

Frauke kaut genüsslich, trinkt einen Schluck Bier, schneidet noch ein Stück Cordon bleu ab. »Lass mal probieren, wie es in der Mitte schmeckt.«

Hanna Cramer hält sich den Kopf. »Mir ist übel«, sagt sie leise.

»Ich habe einen Heißhunger wie schon seit Jahren nicht mehr.« Frauke nimmt eine Krokette, teilt sie in der Mitte, stippt sie in die hellbraune Soße, riecht daran und isst sie auf. Sie zieht den Teller ganz zu sich herüber, macht sich über das Broccoli-Gemüse her, verspeist genussvoll die weichen Rosetten, schmeckt die Kräuter heraus.

»Ich bin ganz erleichtert«, sagt Hanna.

»Gut, dann bestell noch eins«, antwortet Frauke nur.

»Meinst du das ernst?«

»Sicher. Probier doch wenigstens!«

Frauke hält Hanna ein kleines Stück Fleisch hin, Hanna nimmt es mit den Fingern, knabbert vorsichtig daran.

»Toll! Du hast Recht.« Sie probiert vom Salat und vom Gemüse.

»Hey! Nicht alles! Bestell dir selbst was!«

»Gibst du mir etwas ab?« Hanna fragt das zurückhaltend, als habe sie Angst vor Fraukes Ablehnung.

»Klar doch.«

Frauke isst einen Bissen, lässt ihn genüsslich auf der Zunge zergehen, reicht dann Messer und Gabel an Hanna, die schneidet sich ein kleines Stück Fleisch ab, verspeist es langsam, gibt dann das Besteck wieder Frauke.

Es dauert lange, bis sie den Teller leer gegessen haben, das Gemüse ist schon kalt.

»Jetzt noch den großen Früchtebecher!«, Der Kellner stellt das Glas vor Frauke auf den Tisch.

»Himmel«, ruft sie aus, »können Sie uns zwei Löffel bringen?«

»Komme sofort.«

Sie warten, bis der Kellner den zweiten Löffel gebracht hat, dann legen sie gleichzeitig los, die Löffel stoßen etwas aneinander, Sahne fällt auf den Tisch. Hanna legt ihren Löffel zur Seite, wartet.

»Was ist 'n los?«

»Ich kann warten«, sagt sie. Frauke kratzt ein Stück Schokoladeneis vom Rand, hält Hanna den Löffel hin. Hanna bewegt sich nicht, öffnet nur ihren Mund etwas. »Na dann«, sagt Frauke, beugt sich weit vor, füttert Hanna, schiebt das Eisstückchen in den Mund.

»Ich bin dir so dankbar. Weiß nicht, wie ich das wieder gutmachen soll, Frauke.«

»Quatsch! Hör auf. Ich hatte Hunger, das war alles. Basta. Ich hab's doch nicht wegen dir gegessen.«

»Mensch, Frauke.« Hanna Cramer greift nach Fraukes Hand, drückt sie, streichelt sie. Auf einmal heulen sie beide.

Nachmittags kommen Fraukes Eltern. Frauke sitzt unruhig auf dem Stuhl. »Was wollt ihr eigentlich?«, fragt sie ihre Eltern. Es soll kein Vorwurf in ihrer Stimme sein, kein Angriff, so hat sie es mit Hanna nach dem Essen abgesprochen.

Fraukes Eltern sind ratlos. »Du fängst an wie Frau Gorniak«, kritisiert ihre Mutter. Frauke muss lachen.

»Was willst du eigentlich?«, fragt sie eindringlich.

»Du sollst nach Hause kommen. Ich mache es dir schön, damit du Freude hast.«

»Was willst du?«, ruft Frauke, »du, verdammt noch mal!«

»Du kannst Fragen stellen.« Ihre Mutter blickt sich ratlos zu ihrem Mann um. »Was weiß ich«, sagt sie, als sie von ihm keine Unterstützung erhält, »du sollst essen, das ist alles, was ich möchte.«

»Nein!«, ruft Frauke, ihre Stimme ist gespannt. »Ich kann nicht essen, wenn ich wegen euch essen soll. Dann habe ich keinen Hunger mehr. Ich kann nicht essen, damit ihr eure Ruhe habt.«

»Das hat dir Frau Cramer eingeredet!«, sagt Herr Wanter empört. »Du darfst Mutti nicht fertig machen. Sie hält das nicht aus, ist krank – wegen dir! Was glaubst du, was sie sich schon Gedanken gemacht hat!«

»Vater«, beginnt Frauke sachlich, »so geht das nicht. Erst hat Mutti sich für dich, mich und die Firma verrückt gemacht, jetzt soll ich mich für Mutti und dich verrückt machen.«

»Kind!« Herr Wanter droht mit erhobenem Zeigefinger, »das glaubst du nicht wirklich!«

»Doch«, erwidert Frauke.

»Das hat dir jemand eingeredet!«

»Meinen Sie?«, fragt Gorniak dazwischen. »Überlegen Sie es sich bis zur nächsten Woche. Es ist schon sehr spät.«

Herr und Frau Wanter gehen nebeneinander aus dem Zimmer, schweigen. Sie verabschieden sich nicht von Frauke.

»Sie haben es nicht kapiert, Hanna!«

Hanna reagiert nicht auf Fraukes Enttäuschung, zieht dünne Sandalen an, nimmt Frauke an der Hand, läuft mit ihr aus dem Haus, biegt in den kleinen Waldweg ein. »Hast du ihnen alles gesagt, bist du nicht umgekippt?«

»Kein Stück.«

Hanna Cramer bückt sich, zieht die Sandalen aus, rennt so schnell sie kann barfuß in den Wald, läuft über den nadeligen Boden.

»Frauke, komm. Es ist wahnsinnig.«

Frauke spaziert langsam hinter ihr her, bricht Tannenzweige ab, schlägt damit gegen Baumstämme.

»Wenn du die Schuhe ausziehst, ist alles anders.«

Frauke verfolgt, wie Hanna um die Bäume läuft, tanzt, sich auf den Boden setzt und vor Vergnügen singt.

Dann zieht Frauke die Schuhe aus, tritt vorsichtig barfuß auf, rennt los, spürt die Zweige nicht, die durch ihr Gesicht streifen, tritt fest auf. Heftig atmend bleibt sie stehen. Sie spürt endlich Boden unter ihren Füßen.

Nachwort

Frauke ist kein Einzelfall. Immer häufiger begegne ich bei meiner Arbeit in der Beratungsstelle Jugendlichen, die magersüchtig sind.

Die Angehörigen, Freunde und Klassenkameraden sind über diese Krankheit schockiert, sie wissen nicht, wie sie damit umgehen sollen. Immer wieder tauchen im Gespräch mit ihnen und in der Beratung die gleichen Fragen auf:

Was ist überhaupt Magersucht?

In den letzten zehn Jahren hat sich die Zahl derjenigen Jugendlichen, die an Magersucht leiden, etwa verdreifacht. Jeder siebte Jugendliche muss als ›Risikofall‹ im Hinblick auf Magersucht angesehen werden. Dabei ist interessant, dass es hauptsächlich Mädchen sind, die magersüchtig werden (etwa 90 % aller Betroffenen). Zum überwiegenden Teil stammen sie aus der Mittel- und Oberschicht, sind oft überdurchschnittlich intelligent und sensibel, und manche weisen vor ihrer Erkrankung überdurchschnittliche Schulleistungen auf.

Magersucht wird in der Regel mit dem psychologischen Fachbegriff *Anorexia nervosa* bezeichnet. Diese Benennung ist eigentlich nicht richtig. *Anorexia* bedeutet eigentlich Appetitmangel. *Anorexia nervosa* wäre demnach nur ein aus nervösen Gründen verursachter Appetitmangel. Aber bei Magersucht können wir überhaupt nicht von Appetitmangel sprechen. Im Gegenteil: Die Betroffenen müssen ständig ans Essen denken. Sie haben ständig Lust etwas zu essen, leckere Speisen zuzubereiten. Gleichzeitig denken sie immer an Gewichtsabnahme. Sie sind von diesen Gedanken beinahe besessen, befinden sich in einem nie endenden Kampf zwischen ihren Bedürfnissen und dem Ziel, das sie sich gesetzt haben.

Die erste Phase der Magersucht besteht gewöhnlicherweise in einer Art Abmagerungskur. Der/die Jugendliche will - aus Gründen, die ich später noch erklären werde - sein/ihr Gewicht radikal kontrollieren.

Zu Beginn dieser Phase ziehen viele Magersüchtige aus der Tatsache, dass es ihnen immer schlechter geht, oft den falschen Schluss, dass sie eben noch nicht genug gehungert hätten.

Beinahe unmerklich gehen sie dann in die zweite Phase der Magersucht: Der/die Jugendliche fühlt sich durch die Gewichtskontrolle und das Hungern entlastet, er/sie fühlt sich bestätigt und beginnt nun, um des Hungerns selbst willen zu hungern.

Die Magersucht wird dabei zu einem besonderen persönlichen Merkmal. Die Magersüchtigen sehen natürlich nicht, dass die rein äußerliche Veränderung nicht unbedingt zu einer Gesamtänderung der Person und der Verhältnisse führt.

Das Gewicht wird dabei ständig kontrolliert. Trotz unheimlich starken Hungerns (Gewichtsabnahmen innerhalb weniger Monate von mehr als zwanzig Kilo sind nicht selten!) interessieren sich die Magersüchtigen stark fürs Essen. Sie beschäftigen sich intensiv mit Kochbüchern, kochen für ihre Verwandten. Dabei entwickeln sie manchmal ein ›teuflisches Vergnügen‹ daran, ihren Verwandten besonders teure und kalorienreiche Mahlzeiten anzurichten.

Ein Beispiel aus der Praxis: Ein Mädchen entwickelte große Freude daran, ihren Eltern Buttercremetorten zuzubereiten. Dabei erhöhte sie den Butteranteil von zweihundertfünfzig auf fünfhundert Gramm, verheimlichte aber den Eltern diese Kalorienanreicherung. Das Mädchen genoss es, den Eltern beim Essen zuzusehen, probierte selbst aber nichts von der Torte.

Bereits in der zweiten Phase entwickelt sich bei den Magersüchtigen ein euphorisches Lebensgefühl. Sie sagen selbst: »Man steigert sich hinein, und man kann nicht davon loskommen; es ist wie eine richtige Sucht.« Die Betroffenen reden sich ständig ein: »Noch ein Kilo runter, noch ein Kilo runter, dann fühle ich mich wohler.«

Ist die zweite Phase noch von einer starken Auseinandersetzung der Magersüchtigen mit sich selbst und der Umwelt gekennzeichnet, so konzentriert sich der/die Magersüchtige in der dritten Phase immer stärker auf sich selbst, ist geradezu vom Hungern ›besessen‹. Die Umwelt wird nicht mehr klar wahrgenommen. Der erbittert geführte (erfolgreiche) Hungerstreik wird als Triumph des eigenen Willens, als eine siegreiche Behauptung gegen die körperlichen Bedürfnisse angesehen. Dabei ist dieser Triumph auch gleichzeitig eine Niederlage: Die Magersüchtigen werden so schwach, nehmen die Umwelt so ungenau wahr, dass sie von Angehörigen und Freunden immer stärker bevormundet werden, dass ihnen immer mehr Vorwürfe gemacht werden. Die Leistungen der Magersüchtigen sinken oft so drastisch, dass sie in einer Scheinwelt leben, sich gegen Ansprüche der Erwachsenen abschotten.

❦

In der Praxis der Erziehungsberatung ist es mir immer wieder aufgefallen, dass weder die Magersüchtigen noch ihre Umwelt die Entwicklung der Magersucht richtig erfassen. Die Umwelt achtet nur noch auf die ›Kilos‹, auf das Erbrechen, auf die körperliche Verfassung der Magersüchtigen. Dabei steht oft die angstvolle Frage im Hintergrund:

Kann Magersucht geheilt werden?

Es wäre falsch, würde ich den Eindruck erwecken, Medizin und Erziehungsberatung wären in der Lage, mithilfe ausgeklügelter Behandlungsverfahren alle Magersüchtigen vom Hungern abzubringen. Tatsache ist, dass etwa zehn Prozent aller Magersüchtigen an der Magersucht sterben, dass an die dreißig Prozent der Magersüchtigen körperliche und/oder seelische Dauer- bzw. Langzeitschäden haben. Geht es um die Behandlung bzw. Beratung der Magersüchtigen und ihrer Verwandten und Bekannten, steht meistens zuerst die Schuldfrage im Vordergrund. Gefragt wird immer:

Wer ist schuld an der Magersucht?

Diese Frage interessiert mich als Erziehungsberaterin nur wenig. Es gibt nicht so etwas wie die Alleinschuld an einer Krankheit. Ich habe zu akzeptieren, dass jemand magersüchtig ist, ich darf ihn/sie nicht unmündig machen und für ihn/sie entscheiden, was zu tun ist. Sinnvoll kann nur sein, dass sich Erziehungsberater gemeinsam mit dem/der Magersüchtigen und den Verwandten auseinander setzen:

Was ist die Ursache der Magersucht?

Vorab muss betont werden, dass es die allgemein gültige Erklärung für die Ursachen von Magersucht nicht gibt. Vielmehr hängt die Ursache von Magersucht jeweils von den konkreten Lebensverhältnissen der Magersüchtigen ab.

Oft verbergen sich hinter der Magersucht schwere psychosoziale Konflikte: Sie ist der jugendliche Protest gegen die hässliche Welt der Erwachsenen, gegen ihre Vorschriften und Regeln. Familienkonflikte spielen in diesem Zusammenhang eine wichtige Rolle. Die Magersüchtigen erkennen, dass die Eltern ein Scheinleben führen, dass sie gebrochen sind. Deshalb sehen sie keinen Sinn darin, wie ihre Eltern erwachsen zu werden, deshalb beginnen sie zu hungern und verweigern das Wachsen und somit auch das Erwachsenwerden.

Eine zweite Ursache für Magersucht kann in der Verweigerung der gesellschaftlichen Anforderungen der Frauenrolle liegen. Magersüchtige Mädchen erfahren und erkennen, dass der Wunsch, schlank zu sein, sich schön zu kleiden, nicht von ihnen selbst kommt, sondern dass die Männergesellschaft dies so will. Magersüchtige Mädchen sehen (oft) überhaupt keinen Sinn darin, sich diesem Frauenideal, diesem Modediktat und diesen Rollenerwartungen zu beugen. Sie merken an ihren Müttern, dass das Idealbild der 'Frau' nichts anderes ist als ein Gefängnis, und verweigern daher die Übernahme der Frauenrolle. In diesem Zusammenhang ist es interessant zu wissen, dass bei den meisten Mädchen schon gegen Ende der ersten Phase der Magersucht die monatliche Regelblutung aussetzt.

Eine dritte Ursachenmöglichkeit besteht darin, dass in der Kindheitsentwicklung des/der Magersüchtigen Probleme aufgetaucht sind, insbesondere dann, wenn die eigene Sexualität nicht akzeptiert wird.

Dies sind aber nur grobe Anhaltspunkte für die Ursachen der Magersucht.

Es geht in der Erziehungsberatung überhaupt - und in der Behandlung Magersüchtiger insbesondere - nicht darum, eine der Ursachen nachzuweisen, um Schuldige zu finden. Entscheidend ist, dass Magersüchtige und ihre Angehörigen (auch ihre Freunde und Klassenkameraden!) lernen, sich über Magersucht ehrlich auseinander zu setzen, und nach Möglichkeiten suchen, die zur Heilung führen können.

Das ist leicht gesagt, und die Magersüchtigen und ihre Verwandten und Bekannten fragen dann auch:

(((|)))

Wie kann man sich denn überhaupt mit Magersucht auseinander setzen - gibt es eine Therapie?

Voraussetzung ist, und dies zeigt der Roman deutlich, dass der/die Magersüchtige körperlich in die Lage versetzt wird, sich mit anderen und sich selbst auseinander zu setzen. Magersüchtige, die nur dreißig bis fünfunddreißig Kilo wiegen, sind in ihrer Wahrnehmung so gestört, dass eine psychologische Behandlung nur ganz schwer durchzuführen ist. In so einem körperlich geschwächten Zustand kann die Einsicht in die Notwendigkeit der Therapie kaum vorhanden sein. Ärzte und Therapeuten stehen hier vor der schweren Aufgabe, eine Gewichtszunahme des/der stark geschwächten Magersüchtigen zu erreichen, um eine Behandlung erst zu ermöglichen. Diese Gewichtszunahme muss äußerst behutsam erfolgen, der/die Magersüchtige darf sich dabei nicht vergewaltigt fühlen. Wichtig ist hier, dass Ärzte und Therapeuten die Magersucht des Jugendlichen akzeptieren und die Gewichtszunahme nur als Hilfsmittel betrachten, um dem Betroffenen zur Auseinandersetzung zu verhelfen.

Ich halte es für eine schlimme Sache, wenn Angehörige und/oder Helfer das Problem ›Magersucht‹ als erledigt betrachten, wenn der/die Magersüchtige zugenommen hat - im Gegenteil, dann fangen die Probleme und die Arbeit in der Therapie erst richtig an! Dann muss nämlich geklärt werden, wie die Familienangehörigen miteinander umgehen, wie die Betroffenen die Frauenrolle sehen, welche Ideale sie haben usw. Durch Familientherapie, Gesprächstherapie und vor allem durch Gruppengespräche mit anderen Mager- und/oder Esssüchtigen kann hier ein erster Schritt getan werden.

Als Basis zur Verständigung sollte Folgendes gelten:

Magersucht ist Hilferuf, Suche und Protest!

In der therapeutischen Auseinandersetzung können alle Betroffenen Wege finden, zuerst miteinander offen und ehrlich zu reden. Es muss gelernt werden, Bedürfnisse, aber auch Zuneigung nicht mehr zu verstecken, sondern voreinander äußern zu können. Da Magersüchtige mit ihren Familien stark verbunden sind, entwickeln sie meistens keinen Sinn für Unabhängigkeit. Sie fühlen sich für die Probleme ihrer Familie (z. B. Verstimmung, Disharmonie usw.) verantwortlich, dadurch werden ihre eigenen Bedürfnisse zurückgestellt.

Gleichzeitig entsteht bei ihnen eine große Unzufriedenheit, und sie empfinden ihre Gegenwart und Zukunft so sinnlos, dass sie sich ihnen verweigern. Daher ist eine der wichtigsten Aufgaben der Therapie, diese Ansicht zu verändern und die Ablösung von der Familie behutsam einzuleiten.

Das Selbstwertgefühl stärken und die Selbstständigkeit fördern!

Nur so kann jeder – der/die Magersüchtige ebenso wie manch anderer in der Familie – sich zu einer eigenständigen Persönlichkeit entwickeln.

◖◗

Wichtig erscheint mir weiterhin, dass das Problem auch in den Schulklassen, in denen Magersüchtige vorkommen, offen angegangen wird. Es darf nicht passieren, dass Magersüchtige in der ersten Phase noch bewundert oder stark behütet werden, während sie später dann fallen gelassen werden, weil das ständige Hungern Klassenkameraden und Lehrer ›nervt‹. Wenn Jugendliche befreundeten Magersüchtigen oder Klassenkameraden/innen helfen wollen, bleiben auch ihnen nur Offenheit und Klarheit im Umgang mit den Betroffenen als wichtigste Mittel. Aber vielleicht können sie auch nach konkreten Hilfsmöglichkeiten suchen, z. B. entsprechende Adressen, Telefonnummern, Gesprächspartner usw. vorschlagen. Es gibt auch Eltern, Lehrer und/oder Bekannte, die in einem Fall gern Unterstützung bieten.

Mitschüler sollten Magersüchtige
nicht zum Essen zu überreden versuchen,
sondern sie sollten helfen, den Protest, die Suche und den Hilferuf der Magersüchtigen und ihrer Familien wirksam werden zu lassen. Nur dann kann der Teufelskreis, dass Magersüchtige das Hungern als einzige Form des Lebens ansehen, dass jeder neue Hunger immer wieder als ein Stück eigene Persönlichkeit erfahren wird, durchbrochen werden.

(|||)

Aus dem Hunger gegen ein als sinnlos empfundenes Leben muss ein Hunger nach Leben werden.

Zum Schluss möchte ich einige Einrichtungen nennen, an die Magersüchtige, deren Freunde und Angehörige sich wenden können: Erste Möglichkeit ist immer die Kontaktaufnahme mit örtlichen Erziehungsberatungsstellen (siehe

Telefonbücher) oder Ärzten. Da es sich bei Magersucht um eine relativ ›neue Krankheit‹ handelt, sind vor Ort nicht immer sachverständige Ärzte und Therapeuten zu finden. Nicht jedes Krankenhaus, nicht jede ›neurologische Abteilung‹ kennt sich gut genug mit ›Magersucht‹ aus.

Die folgenden Stellen können aber in der Regel weiterhelfen und meistens (bei schwierigen Fällen) auch Kliniken nennen, in denen es Teams gibt, die in der Behandlung von Magersucht Erfahrung haben:

Bundesfachverband für Essstörungen e.V., (Kabera e.V.)
Kurt-Schumacher-Str. 2
34117 **Kassel**
Tel. 0561/713493
Der Bundesfachverband für Essstörungen ist ein Zusammenschluss gemeinnütziger Träger ambulanter Beratungs- und Therapieeinrichtungen. Hier wie auch bei ANAD können weitere Ansprechpartner und deren Adressen erfragt werden.

ANAD e.V.
Seitzstr. 8
80538 **München**
Tel. 089/2423996-0
Beratungsstelle für Essstörungen. Eine gemeinnützige Organisation für Mager-/Ess-/Brechsucht zur Betreuung Betroffener und deren Angehöriger.

Kiss Dresden
Lingnerplatz 1
01069 **Dresden**
Tel. 03 51/48 46-3 58 oder 3 59

Dick & Dünn e.V.
Beratungsstelle bei Essstörungen
Innsbrucker Str. 25
10825 **Berlin**
Tel. 0 30/ 8 54 49 94

Kiss Chemnitz, c/o Marita Händel
Rembrandtstr. 17
09111 **Chemnitz**
Tel. 03 71 / 67 09 01

Selbsthilfekontaktstelle Deutsches Rotes Kreuz
Kreisverband Neubrandenburg e.V.
Robert-Blum-Str. 32
17033 **Neubrandenburg**
Tel. 03 95/4 21 19 29

Suchtberatungsstelle der Rostocker Stadtmission e.V.
im Diakonischen Werk der Ev.-Luth. Landeskirche Mecklenburg
Dalwitzhofer Weg 1
18055 **Rostock**
Tel. 03 81/45 51 28

Hamburger Zentrum für Essstörungen
Bundesstr. 14
20146 Hamburg
Tel. 040/4 50 51 21

Ess-o-Ess
Beratungen für Frauen und Mädchen mit Essstörungen im
Frauentreff
Kurt-Schumacher Platz 5
23109 Kiel
Tel. 04 31 / 52 42 41

Therapie und Beratungszentrum für Frauen Oldenburg e.V.
Georgstr. 26
26123 Oldenburg
Tel. 04 41 / 2 59 28

Dick & Dünn Niedersachsen e.V.
Brahmsstr. 4
30177 Hannover
Tel. 05 11 / 66 76 - 48 / 58 / 59

Bielefelder Zentrum für Essstörungen e.V.
Marktstr. 35
33602 Bielefeld
Tel. 05 21 / 6 59 29

Kaskade e.V.
Hansenstr. 35
37073 **Göttingen**
Tel. 05 51/48 69 05

Frauen-Treff und Beratung **Frauen helfen Frauen e.V.**
Zeigerstr. 29
45130 **Essen**
Tel. 02 01/78 65 68

Frankfurter Zentrum für Essstörungen e.V.
Hansaallee 18
60322 **Frankfurt**
Tel. 0 69/55 01 76

Therapiezentrum der Gerhard-Alber-Stiftung
Christophstr. 8
70178 **Stuttgart**
Tel. 07 11/6 40 80 91

Sozialpsychologische Beratungsstelle des Gesundheits-amtes der Stadt Augsburg
Hoher Weg 8
86152 **Augsburg**
Tel. 08 21/3 24 20 55

Dick & Dünn e.V.
Hallerhüttenstr. 6
90461 **Nürnberg**
Tel. 09 11 / 47 17 11

Frauengesundheitszentrum e.V.
Badstr. 6
93059 **Regensburg**
Tel. 09 41 / 8 16 44

〈|||〉

Abschließend nenne ich noch einige wichtige Sachbücher
über Magersucht, die Interessierten weiterhelfen können:

Becker, Kuni:
**Die prefekte Frau und ihr Geheimnis – Ess- und Brech-
sucht.** Hilfe für Betroffene und Angehörige.
rororo, 1994.

Bruch, Hilde:
Essstörungen. Zur Psychologie und Therapie von Überge-
wicht und Magersucht.
Fischer [6]1997

Bruch, Hilde:
Das verhungerte Selbst. Gespräche mit Magersüchtigen.
Fischer, [3]1994.

Bruch, Hilde:
Der goldene Käfig – Das Rätsel der Magersucht.
Fischer, [4]1997.

Gerlinghoff, Monika / Backmund, Herbert:
Der heimliche Heisshunger. Wenn essen nicht satt macht.
Bulimie.
dtv, [7]1997.

Gerlinghoff, Monika / Backmund, Herbert / Mai, Norbert:
Magersucht und Bulimie. Verstehen und bewältigen.
Beltz, [3]1997.

Langsdorff, Maja:
Die heimliche Sucht, unheimlich zu essen.
Fischer, 1995.

Selvini Palazzoli, Mara:
Magersucht – Von der Behandlung einzelner zur Familientherapie.
Klett-Cotta, [6]1995.

Wardetzki, Bärbel:
Iss doch endlich mal normal! Hilfen für Angehörige von
essgestörten Mädchen und Frauen.
Kösel, [2]1996.

Wenn man auch pauschale Empfehlungen vermeiden sollte, eines möchte ich betonen: Therapien und Behandlungen, die ausschließlich auf Gewichtszunahme abzielen, ohne z. B. Familiengespräche mit einzubeziehen, sollten nur sehr kurz durchgeführt werden, um dann mit der oben beschriebenen Auseinandersetzung über die Ursachen zu beginnen.

Ich hoffe, dass ich mit diesen Hinweisen einen kleinen Einblick in das Problem ›Magersucht‹ gegeben habe. Natürlich kann ein Nachwort keine grundlegende und ausführliche Beschäftigung mit solchem komplexen Problem bedeuten, höchstens einen Anreiz dazu bieten.

Edith Rigo, Dipl.-Psychologin

[Das Nachwort verfasste Edith Rigo schon für die erste Auflage des Buches im Jahre 1985, es hat aber bis heute an seiner Aktualität und Richtigkeit nichts eingebüßt – auch wenn Essstörungen bei Jugendlichen heute in Forschung und Gesellschaft einen breiteren Raum eingenommen haben.

Die Ansprechpartner für Ratsuchende und die weiterführende Literaturliste sind jedoch auf den aktuellsten Stand gebracht worden. Beratungsstellen unterliegen der gesetzlichen Schweigepflicht. Konfessionelle Beratungsstellen sind in der Regel für alle offen, gleich welcher Religionszugehörigkeit. Die Adressliste erhebt keinen Anspruch auf Vollständigkeit. Für Angebot und Qualität der Beratung übernehmen wir keine Gewähr. Anm. d. Red.]

Lies mich ...

Es regnet nicht, es ist nicht kalt, auch der Mond scheint nicht, kein Stern ist zu sehen. Nur die Laternen glimmen; von weit her rauscht die Stadt. Rinka steht auf der Fahrbahn in der Mitte der Kreuzung. Ihr Magen zittert so, dass sie nicht weiterlaufen kann. Rechts und links von ihr, vor und hinter ihr führen vier kleine Straßen ins Dunkel. Im Garten an der Ecke schräg gegenüber lebt ein Boxer: Läuft jemand in Gedanken vertieft dort am Zaun vorbei, schleicht sich der Hund lautlos heran und beginnt plötzlich mörderisch zu bellen. Die Nichtsahnende springt zur Seite oder schreit auf vor Schreck. Da soll Rinka nun vorbei. Das ist der Weg, den sie gehen muss. Überall, hinter Häuserecken und Straßenbäumen, hört sie Schritte, sieht sie Schatten, die sich zu bewegen scheinen. Am liebsten würde sie, aufgelöst in Luft, aus dem Leben davonschweben.

Alles muss, wenn ich bleibe, anders werden. So gehts nicht weiter, murmelt sie und sieht sich dauernd um, als sei einer hinter ihr her.

So nicht, ich werde es schrittchenweise versuchen: kleine Schritte, nicht zu viele auf einmal.

Rinka könnte auch auf der anderen Straßenseite gehen, aber sie läuft zur Ecke, in die Straße hinein und am Gartenzaun entlang, mit hochgezogenen Schultern; kein Boxer bellt. Aber das ist klar, er bellt nur, wenn jemand ahnungslos ist. Sie kehrt um und geht noch einmal am Zaun entlang, gelassener diesmal, locker, wippend setzt sie einen Fuß vor den anderen, lässig will sie sich fühlen und versucht, zwischen den Zähnen hindurch zu pfeifen.

Seht sie alle an, die hat keine Nebel im Kopf, der steht nichts und niemand mehr im Weg.

Der Boxer rührt sich nicht. Vielleicht liegt er im Haus und schläft.

Das Pfeifen vergeht Rinka sofort. Der Hund ist nicht im Garten, sie läuft immer wieder am Zaun entlang. Hin und zurück. Sie weiß es: Der Hund ist nicht im Garten. Wenn er jetzt doch kläffend an den Zaun geschossen käme, würde sie nicht viel mehr erschrecken als zuvor. Da war sie ja vorbereitet gewesen.

Lass deine Angst im Garten hinter dem Zaun.

Rinka geht auf das Haus zu, in dem sie wohnt. Das innere Frieren ist immer noch trübe und schmal in ihren Augen. Nach allen Seiten sieht Rinka sich um: kein Mensch, kein Hund. Nur dösiger Asphalt, ein schlafender U-Bahnhof und hellwache, einsame Ampeln. Schon ehe sie die Straße überquert, hält sie den Schlüsselbund mit Daumen, Ring- und kleinem Finger fest in der Hand. Er soll keinen Laut von sich geben, während sie den Hausschlüssel mit dem Zeigefinger ertastet. Niemand soll den Schlüssel klimpern hören und daraus schließen, dass sie hier in der Nähe wohnt. Tarnen muss sie sich, vortäuschen, sie habe noch mindestens zwanzig Minuten Fußweg. Da wird sich keiner die Mühe machen, sie so lange zu verfolgen. Sie wollen keinen Widerstand.

Rinka nimmt den Schlüssel erst aus der Tasche, während sie vor der Tür steht. Aber in dieser Nacht verschwindet Rinka nicht wie ein flüchtendes Tier im Hausflur. Sie dreht sich um. Kein Mensch zu sehen, auch wenn sie etwas hört, sobald sie wieder mit dem Rücken zur Welt vor der Tür steht. Sie übt. Umdrehen: niemand da. Vor der Tür stehen und sagen, es ist niemand da.

Aber dreh dich doch um, wenn du es trotzdem nicht glaubst.

Umdrehen, langsam. Niemand da. Sie will kein aufgescheuchtes Reh mehr sein, das stolpernd flieht. Rehe stolpern nicht. Rinka dreht sich so lange um und wieder um, bis sie mit dem Gesicht zur Tür stehen kann, ohne dass sich die Haut im Nacken spannt, Härchen sich aufstellen, Gänsehaut den Rücken durchfröstelt. Sie sieht die Tür an, auch wenn sie hinter sich Schritte zu hören glaubt.

Mit angehaltenem Atem geht sie spazieren, will bei jedem Windstoß im Gebüsch zur Seite springen, vermutet hinter jedem Baum Gefahr, bis sie sich so nicht mehr will. Von da an bleibt sie stehen, wenn es im Laub raschelt, bleibt stehen und hört mit angespannten Muskeln, zusammengebissenen Zähnen zu.

»Das ist ein Vogel«, sagt sie, und die Spannung kriecht ihr den Hals hinauf in den Kopf. Dann dreht sie sich zur Seite, sieht ins Gebüsch, und es ist ein Vogel.

Der Hauseingang ist der tote Punkt, die Falle, in die sie immer wieder, jeden Abend tappen muss, um in Sicherheit zu gelangen, eine Falle wie an dem Tag, als nachts ein Mann hinter ihr aus der U-Bahn stieg. Fünf Stationen lang hat er sie angestiert. Den ganzen Weg bis zur Straßenecke spürt sie ihn hinter sich, als sei nicht der Wind, sondern der Atem des Mannes in ihrem Nacken. Sie läuft schneller, schnurstracks auf das Haus zu, den Schlüssel gezückt. Kurz vor dem Haus überholt er sie und huscht vor ihr zur Tür.

Ruhig bleibt er stehen, bewegungslos lächelt er ihr entgegen. Rinka steckt den Schlüssel wieder ein: Nein, ich wohne gar nicht hier, hau ab, du hast dich geirrt. Dann dreht sie sich um und geht in Richtung U-Bahn.

Nur nicht rennen, wenn der Mann sieht, dass ich Angst habe, stürzt er sich gleich auf mich.

Sie geht die Straße zurück, dabei wäre sie lieber zusammengebrochen, liegen geblieben, tot oder fortgeschwebt und in ihrem Bett gelandet. Männer stehen in dunklen Hauseingängen, reißen Frauen die Kleider mit einem einzigen Handgriff vom Leib, schlagen ihnen den Kopf gegen die Hauswand. Er wird die ganze Nacht dort bleiben und auf mich warten. Rinka läuft auf die hell erleuchtete Telefonzelle an der Straßenecke zu, zieht die Tür auf und stellt sich ins Licht. Alle werden ihn sehen, wenn er sie niederreißt. Jemand wird ihr zu Hilfe kommen.

Während sie irgendeine Nummer wählt, nicht einmal die Münzen kann sie einwerfen, erwartet sie das glatt rasierte Gesicht an der Scheibe, eine haarige Hand auf ihrer Schulter. Sie spricht in die schwarze Muschel: »Ich muss die ganze

Nacht hier bleiben. Im Stehen, an die Glasscheibe gelehnt, auf die Telefonbücher gekauert muss ich hier bleiben. Er sieht mich. Ich darf nicht einschlafen. Er steht im Dunkeln und sieht mich. Ich stehe im Licht und sehe gar nichts.« Es tutet an ihr Ohr. Sie wartet mit dem Gesicht zum Apparat und wagt nicht, durch die Scheiben zu sehen.

Vielleicht denkt er, ich habe die Polizei gerufen. Vielleicht ist er deshalb schon weg.

Rinka hängt den Hörer ein und geht langsam hinaus. Es ist nur Dunkelheit zu sehen. Erst als sie den Schlüssel in der Eingangstür innen herumgedreht hat, kann sie wieder atmen.

Viel zu lange hat sie abends hastig die Tür aufgeschlossen, ist wie ein Luftzug ins Haus gehuscht. Wie Eiter aus einem tief unter der Haut sitzenden Pickel will sie diese Hast aus sich herausdrücken. Alles muss anders werden, wenn sie sich das Weiterleben gestatten soll.

Einmal fängt ein Mann an, auf der Straße hinter ihr herzupfeifen. Allein dafür würde Rinka ihn gern schlagen. Sie streckt den Rücken, nimmt die Hände aus den Jackentaschen, hält die Arme vom Körper ab, als habe sie Rasierklingen unter den Achseln, ballt die Fäuste. Wie ein unüberwindlicher Berg will sie von hinten aussehen.

Ich bin bereit, komm doch, sprich mich an, wirst schon sehen, was dich erwartet, fass mich nur an, und ich werde dir den Hals umdrehen, dich töten.

Und sie hofft, dass er nicht merkt, wie sie zittert.

Sie hat nicht die Straßenseite gewechselt, obwohl er hinter ihr bleibt. Rinka will sich nie wieder fürchten. Manchmal ist ihr, als wachse aus dem Druck auf der Brust immer neue, immer mehr Angst, ein Geschwür. Es soll sich nicht ausbreiten. Sie will diesen Teil von sich abstoßen.

Ein Mann grabscht sie an. Ehe er weitergehen kann, tritt Rinka zu. Schnell wie eine Sprungfeder trifft ihn ihr Fuß zwischen die Beine. Er läuft davon, sie weint. Weint, weil sie nicht so stark zugetreten hat, dass er sich krümmte, weint, weil er nicht zusammengebrochen ist, weint, weil er sie so mühelos verletzen kann.

Nein, ihr Blut wird nicht mehr fließen. Nur wenn sie Blut riechen, greifen sie an.

Rinka will sich nicht ganz zu Tode ängstigen.

Rinka rennt. Ein Mann auf einem Motorrad verfolgt sie. Rennen. Rennen im Dunkeln. Wer hält dauernd den Scheinwerfer auf Rinka? Sie denkt, sie habe einen Strick um den Hals. Rennen. Vampire sind hinter ihr her. Sie schrecken vor Kreuzen und Knoblauch nicht zurück, sie sind immun, sie wollen Blut. Rinka ekelt sich. Der Gedanke an einen Penis verursacht Brechreiz. Sie möchte nicht mehr U-Bahn fahren, weil bei allen Männern diese Beule zwischen den Beinen zu sehen ist. Alle Männer haben eine Waffe in der Hose, und ihre Augen sind Messer, jeder Blick ein Schneiden in Rinkas Wunde. Die Hände sind Schlangen, unberechenbar. Wenn Rinka sie nicht im Auge behält, packen sie zu.

Nach der Arbeit fährt sie gleich nach Hause, sie hält sich nirgendwo auf. Manchmal liegt ein Zettel auf dem Küchentisch: »Irgendeine Frau hat angerufen, hab den Namen nicht verstanden, ruft wieder an. B.« Oder: »Ich koche heute Abend. B.« Oder: »Deine Mutter braucht ne Bescheinigung, dass du in der Ausbildung bist, für die Steuern. B.«

Rinka wohnt mit Barbara in einer Zweizimmerwohnung in einem Altbau. Ihre Eltern erlaubten ihr, mit Barbara zusammenzuziehen, weil Barbara älter ist als Rinka und

schon einen Beruf hat. Sie arbeitet halbtags als Zahntechni-
kerin, meistens liegt sie noch im Bett, wenn Rinka morgens
aus dem Haus geht. Sie ist froh, dass Barbara sich ums Einkaufen kümmern kann; Rinka fürchtet, ihr Kopf werde
platzen, wenn sie unter Menschen ist. Sie lebt wie auf einem
Seil, wagt sich weder vor noch zurück, weiß nicht, wie sie
auf das Seil gekommen ist, weiß nicht, wie sie wieder run-
terkommen kann. In ihrem Kopf bleibt alles dunkel.

Ein dünner Blonder sitzt in der Berufsschule hinter ihr.
In Buchführung leiht er sich ein Lineal von Rinka und lächelt sie an. Von da an hat sie ein Kribbeln im Rücken und
lässt die Schule nicht mehr ausfallen. Sie freut sich auf die
Dienstage. Der Blonde möchte in den Pausen vor der Cafeteria ihre Hand halten, sie lässt es geschehen, lässt sich fest-
halten. Einmal lädt er sie ein. Rinka besucht ihn, obwohl er
nicht mehr bei den Eltern lebt und allein eine kleine Wohnung bewohnt. Er steckt den Schlüssel in das Schloss, aber
verschließt die Tür nicht. Rinka sitzt auf der Bettkante wie
ein Stein.

»Ich liebe dich«, sagt er. Da sagt Rinka doch nicht Nein
und macht die Beine für ihn breit. Er liebt mich. Sie will
ihm nicht wehtun. Er tut ihr weh, weil sie es ihm und nicht
sich zuliebe geschehen lässt, er in die Leere zwischen Rinka
und ihrem Körper hineinstößt. Und seine Fingernägel sind
schmutzig, die Bettwäsche ist zu weich, durchgelegen, er
besitzt keine Waschmaschine. Auch der Blonde möchte
nicht Hand in Hand mit Rinka spazieren gehen und ihr ab
und zu übers Gesicht streicheln oder seine Kindheit erzählen. Er will stoßen.

Rinka ist angeschlagen und geht nie wieder zu ihm, lässt sich nicht mehr einladen, hält nicht mehr seine Hand und nichts kribbelt mehr in ihr. Trotzdem läuft ihr Motor weiter, sie kann nicht abschalten. Ohne Bremse, ohne Schutzblech rast sie durch die Tage, jede Ampel ein Mann. Sie ekelt sich, sie sieht rot, sie verliebt sich. Solange der Blonde sie nicht berührt, steht sie in einem Vollrausch von Zuneigung. Dann steigt er über sie hinweg, und ihr Motor läuft weiter.

»Ist was?«, fragt Barbara und steht in Rinkas Zimmertür, steht schräg da wegen ihrer langen Beine. »Hast du Sorgen?« Rinka will nicht Nein, kann nicht Ja sagen. Sie zuckt die Schultern.

»Gibt es einen Mann, mit dem man nur so befreundet sein kann, ohne gleich mit ihm ins Bett zu gehen oder ohne sich gleich zu verlieben?«

»Ach, Rinka«, sagt Barbara und legt ihre Hand in Rinkas Nacken.

Nach einem kurzen, nervösen Zucken am Auge kugelt sich Rinka in Barbaras Arm.

»Alle mögen dich, du musst nicht immer denken, du nervst«, sagt Barbara.

»Es muss doch Männer geben, die Menschen sind«, sagt Rinka.

»Was?«

»Ach nichts. Schon gut.«

Barbara verzieht ihr Gesicht, Augenbrauen und Mundwinkel hoch, Stirn in Falten, Lippen geschlossen, und geht in ihr Zimmer.

Rinka steht sofort auf, um Tee für Barbara zu kochen, sie auszusöhnen, für alle Fälle.

»Der Blonde aus der Berufsschule hat gesagt: Wenn du schwanger wirst, kannst du ja abtreiben.«

»Wenn das einer zu mir sagen würde«, sagt Barbara, »würd ich ihn rausschmeißen.«

Damit bringt sie Rinka zum Schweigen. Rinka hat den Blonden nicht weggejagt. Sie hat stillgehalten.

Nächstes Mal werde ich gleich schießen.

Rinka möchte sich schlagen dafür, dass sie ihn nicht die Treppe hinuntergestoßen hat.

Jede Woche geht sie viermal ins Büro. Dort sitzt sie stundenlang auf ihrem Stuhl, mit einem Gehirn voll Staub und schläfrigen Augen, die automatisch ablesen, was vor ihnen liegt. Die staubige Masse leitet immerhin weiter, welche Buchstaben die Finger tippen sollen.

»Was haben Sie denn da verzapft? Dieser Satz gibt ja keinen Sinn«, sagt der Rechtsanwalt und stöhnt.

Rinka hat nur geschrieben, was er diktiert hat.

»Es ist ja gut, wenn Sie genau arbeiten. Aber denken müssen Sie auch noch.«

Und das Friedenauer Lederpolster zum getäfelten Büro schließt sich wieder.

Rinka hackt motorisch weiter und fragt sich, was ihr Rechtsanwalt wohl sagen würde, wenn sie ihm alles erzählen könnte. Er würde die Kopfhaut bewegen, seine blonden Haare würden ruckeln, als seien sie aus einem Stück, obwohl es nicht so aussieht, als trage er ein Toupet. Er würde die linke Hand auf dem Bauch ablegen; da würde sie wegsehen. Und er würde immer wieder fragen, warum sie das und das getan und jenes nicht gelassen habe.

Die Tasten schlagen die Buchstaben auf den Bildschirm, jeder Schlag sagt Nein. Nein, dem wirst du nichts erzählen, du bist ja nicht mal zur Polizei gegangen. Der würde dich ausquetschen, der würde alle Einzelheiten wissen wollen. Und seine rechte Hand würde den Brustkorb reiben, dass der Schlips hin und her wandert. Nein.

An manchen Tagen ist Rinka lebendig, ein nicht zur Ruhe kommender Kreisel.

Schwimmen, Tanzen, Italienisch lernen. Sich mit drei Leuten an einem Abend verabreden. Mit der U-Bahn quer durch die Stadt.

»Ich hab nicht viel Zeit, ich muss gleich wieder weg.«

Cafés, Kino. Sie hält die Zeit in Bewegung. Wie es ihr gehe? »Ja ja«, antwortet sie, »es geht eben so weiter.«

Wenn sie abends nach Hause kommt und kaum noch stehen kann vor Müdigkeit, fällt sie ins Bett. Oder sie sitzt in der Küche und sieht aus dem Fenster auf eine graue Hauswand: Vorderhaus mit Löchern drin, dahinter Gardinen. Oder sie sitzt regungslos in ihrem Zimmer und studiert den Teppich. Ihr Blick folgt den schwarzen Linien zwischen den roten Flächen, hin und her, hin und her.

Barbara fragt nichts mehr, traut sich nicht. Sie lachen gemeinsam über verbrannte Bratkartoffeln und spielen abends Karten. Barbara möchte, dass Rinka wieder zum Tanzkurs mitgeht, bei dem sie sich kennen gelernt und angefreundet hatten. Aber Rinka fühlt sich eingefroren, zu steif für orientalischen Tanz. Manchmal sieht Barbara Rinka mit zusammengekniffenen Augen an: »Du bist so düster geworden. Siehst alt aus. Das nervt mich allmählich. Sag doch endlich mal, was los ist.«

Rinka fühlt sich, als sei ihr Mund zugeklebt vom Schleim der vergangenen Monate. Kein Wort bringt sie über die Zunge. Aber sie strengt sich an, zündelt in sich, bis sie sprüht vor Lachen, Barbara keine Fragen mehr stellt und wieder zum Kuscheln kommt. Rinka ist eine glänzende Hülle; wo sie auch Leute trifft, immer ist sie außer sich. Eine andere Rinka beobachtet, wie sich ihre Hülle hin und her bewegt und fröhlich spielt. Wenn sie lacht, wirft sie ihren Kopf zurück, die Wangen werden rot.

Auszug aus dem Ravensburger Taschenbuch 58190
„Nicht sprechen, nicht schweigen, nicht gehen, nicht bleiben"
von Anja Tuckermann